スパイス香る、愛しい一杯

金子奈央

雷鳥社

はじめに

旬の食材を見かけると、新しい季節の訪れを感じ、
今年はこの食材で何を作ろうかなと、わくわくしてきます。

初夏には、頂きもののプラムとラベンダーを
一緒に漬けてみようかなと思ったり、
秋には、母が送ってくれた熟した柿とじゃが芋で、
ポタージュを作ってみようかなと考えたり。
移り変わる季節の食材を見ながら、料理を想像するのは楽しいひとときです。

この本では、旬の食材とスパイスを組み合わせた、
十二か月のドリンクとスープのレシピ、五十品を紹介しています。
その時季に採れた果物を、
スパイスと一緒にジャムやコンポートにして作るドリンクや、

旬の野菜を入れ、スパイスで香り付けをした味わい深いポタージュなど。
季節の巡りを感じられるような品々を綴っています。

本書では、その日の心と身体に寄り添うように、
早朝、昼、おやつ、日暮れ、晩に分け、レシピを並べています。
朝の目覚めには活力が湧くような、
お昼、おやつにはホッとするような飲み物を。
夜は一日頑張った身体を癒やしてくれるご褒美の一杯を……。

スパイスは身体を温める作用や、冷やす作用があります。
飲み物やスープに加えることで、心身のコンディションが整い、
自然と力が湧く一杯に仕上がります。

部屋に好きなお花を飾るような感覚で、
ぜひ、楽しみながら、作ってみてください。

もくじ

この本の基本ルール

【分量表記について】

・コップ1杯分は150～180㎖、スープ皿・スープカップ1人前は200～250㎖を目安にしています。

・小さじ1は5㎖、大さじ1は15㎖です。

・シロップ、コンポート、ジャムなどは作りやすい分量で記載しています。

【スパイス・ハーブについて】

・本書ではスパイスを「ホール」と「パウダー」で使い分けています。
ホールスパイスは、香りが飛びにくいので、長時間加熱するような料理やシロップなどの漬け込みに適しています。

パウダースパイスは、料理や飲み物に混ざりやすく、香りが立ちやすいため、仕上げの香り付けに適しています。冷たい飲み物やスープなどに手軽に使えます。

・パウダースパイスは、レシピの分量を「～振り」と記載していますが、湿気により容器の中のスパイスが固まりやすいので、鍋などに直接振りかけず、一度皿に取り出してから入れてください。

・ホールスパイスは、軽く叩いたり、切れ目を入れたりすると香りが立ちやすくなります（シナモンは手で割る、カルダモンは包丁で切れ目を入れる、など）。

・スパイス、ハーブはご自身の体調に合わせて使用してください。妊娠中の方は、シナモンやナツメッグ、ローズマリー、よもぎなどは避けた方が良いとされています。

【調理・器具について】

・ドリンクやスープを攪拌するときは、ミキサーやハンドブレンダーなど、ご家庭にある調理器具に合わせて、適宜調整してください。

・スープを濾すときは、ザルもしくは、シノワを使用してください。本書では、ご家庭で使用しやすいようにザルを用いる方法で記載しています。

・スープを煮込む際は、蓋をずらしておき、煮詰まりすぎてしまった場合は水または湯を足してください。

・シロップやジャムを作る際、鍋の側面についた煮汁は、水で濡らしたハケで落とすと鍋に焦げつかず、綺麗に仕上がります。

・シロップやジャムなどを容器に入れて保存する場合は、容器を熱湯消毒し、しっかり乾燥させてから使用してください。また、事前に容器が耐熱であるかを確認してください。

・ジャムなどを保存する場合は、粗熱を取ってから、ジップ付きの保存袋に入れ、冷凍しておくと便利です。

【食材について】

・シロップやジャム、コンポートを作るときは、食材をよく洗い、しっかりと水気を拭き取ってください。

・オレンジやレモンなどの皮にワックスがついている食材は、中性洗剤（野菜・果物の洗浄が用途に記載してあるもの）や重曹を用いて、しっかりと水で洗い流して使ってください。

二月　早朝

旅する　はちみつ金柑茶

子どもの頃、曾祖母が作ってくれた金柑の甘露煮が大好きでした。口の中でとろりと溶けるまろやかな甘み。どこか懐かしい味わいの金柑に、異国情緒を感じさせるクローブ、八角を加えた一杯です。すりおろした生姜を加えても美味しく召し上がれます。

材料〔コップ1杯分〕

- 金柑シロップ…大さじ2（50〜60g）
- 湯…100〜120㎖

◎金柑シロップ〔作りやすい分量〕

- 金柑…200g（約20個）
- きび糖…75g
- はちみつ…20g
- A
  - 八角（ホール）…2個
  - カルダモン（ホール）…5粒
  - クローブ（ホール）…3粒

作り方

◎金柑シロップを作る

・　カルダモンは包丁で切れ目を入れておく。

i　金柑はよく洗い、水気を拭き取る。ヘタを取り、横半分に切り、種を竹串で取り除く。

ii　ボウルにiときび糖50g、はちみつ10g、Aを入れて混ぜ合わせる。ラップをして、冷蔵庫に入れ一晩漬けておく。

iii　鍋にiiを入れ、弱めの中火で煮る。ふつふつしてきたら弱火にし、金柑が柔らかくなるまで煮る。残りのきび糖25g、はちみつ10gを入れて弱火にかけ、まんべんなく馴染ませる。

飲み方

I　コップに金柑シロップを入れ、湯を注ぐ。スプーンで混ぜ合わせる。

二月　おやつ

内緒の黒糖ほうじ茶ラテ

材料〔コップ2杯分〕

・黒糖…30g
　└湯…大さじ4
・ほうじ茶（茶葉）…大さじ4
　└水…180㎖
・牛乳…240㎖
・シナモン（パウダー）…2〜3振り
・クローブ（パウダー）…1〜2振り

トッピング

・オレンジの皮…適宜

下準備

・黒糖は湯で溶いておく。
・トッピングのオレンジの皮は表面をよく洗う。

作り方

I　鍋にほうじ茶の茶葉、水を入れて弱めの中火にかける。ふつふつしてきたら弱火にし、途中鍋を揺するように動かし、約1分煮出す。

II　耐熱カップなどの上に茶漉しをおき、Iを漉して、漉した液を鍋に戻す。牛乳を加え、沸騰する直前まで温める。

III　湯で溶いた黒糖を入れ、火を止め、シナモン、クローブを入れる。コップに注ぎ、オレンジの皮をすりおろす。

memo

・ほうじ茶を濃いめに煮出すことで、コクのある仕上がりになります。
・茶葉を煮出す際、煮詰まり過ぎてしまった場合は、湯を足してください。

夕飯前になると、曾祖父は幼い私に黒飴をくれることがありました。母に内緒で甘い物を食べるのは、曾祖父と二人だけの秘密をもつようでドキドキしていました（母には見抜かれていましたが……）。こっくりと甘い黒飴を溶かしたような、懐かしい味わいのほうじ茶ラテです。

二月　日暮れ

雪の日のほうれん草ポタージュ

材料〔スープカップ 2人分〕

・ほうれん草…1束（約150g）
・玉ねぎ…1/4個
・オリーブ油…大さじ1
・コリアンダー（パウダー）…1〜2振り
・水…350mℓ
・無調整豆乳…100mℓ
・甘酒…大さじ2
・葛粉…10g
　水…大さじ2
・バター…15g
・塩…1〜3つまみ

トッピング

・マスカルポーネ…適宜
・ブラックペッパー（パウダー）…適宜
・オリーブ油…適宜

下準備

・ほうれん草は水で洗う。鍋にたっぷりの湯（分量外）を沸かし、塩（分量外）を加えて茹でる。茹で上がったら冷水に取り、水気を絞り、約3cmの長さに切る。
・玉ねぎは皮をむき、薄切りにする。
・葛粉は水で溶いておく。

作り方

I　鍋にオリーブ油を引き、玉ねぎを入れて弱めの中火で炒める。塩少々（分量外）を入れ、玉ねぎがしんなりするまで炒め、コリアンダーを入れてさらによく炒める。下準備したほうれん草を加える。水を入れ、強めの中火にかける。

II　ふつふつしてきたら弱めの中火にし、2〜3分煮る。ミキサーに入れ、なめらかになるまで撹拌する。

III　鍋にIIを戻し入れ、無調整豆乳、甘酒を加えて、水で溶いた葛粉を入れて再び弱火にかける。木べらで鍋底からゆっくり混ぜる。とろみがついたら、バターを入れ、塩で味を調える。スープカップに注ぎ、マスカルポーネ、ブラックペッパーをのせ、オリーブ油を回しかける。

しんしんと雪が降るような寒い日は、葛粉でとろみをつけたポタージュが身体を温めてくれます。付け合わせには、お手製のガーリックトーストを。作り方は、バターにすりおろしたにんにく、さっと湯がいたふきのとうを刻んで混ぜ合わせて、バケットに塗り、トースターでこんがり焼きます。

memo

・玉ねぎを炒める際は少量の塩を加えると、玉ねぎが汗をかくように水分を出し、しんなりとして甘みが出ます。

ほろ苦いチョコレートとも合う、柑橘の香りが漂う大人の一品。マフラーに顔をうずめて帰ってくるような寒い日の夜に、そっと寄り添ってくれます。白ワイン、ブランデーの芳香な香りを楽しんで。お好みの柑橘類に代えていただいても美味しく召し上がれます。

二月　晩

癒しの八朔ブランデーティー

材料〔コップ1杯分〕

・八朔シロップ…約50g
・ルイボスティー（ティーバッグ）…1パック
湯…130mℓ

◎八朔シロップ〔約コップ4杯分〕

・八朔…1個

A
・白ワイン…60mℓ
・ブランデー…大さじ3
・きび糖…大さじ3
・オールスパイス（ホール）…5粒
・カルダモン（ホール）…3粒
・クローブ（ホール）…2粒

作り方

◎八朔シロップを作る

・カルダモンは包丁で切れ目を入れておく。

i　八朔は皮をむき小房に分け、薄皮をむく。種は取り除き、一口大に切り、ボウルに入れる。

ii　鍋にAを入れ、中火にかけ、きび糖を溶かすように木べらで混ぜる。一煮立ちしたら、1〜2分火にかけアルコールを飛ばす。粗熱を取る。

iii　iにiiを入れ、混ぜ合わせる。

飲み方

I　湯を沸かし、ルイボスティーを淹れる。

II　コップに八朔シロップを入れ、ルイボスティーを注ぐ。マドラーで混ぜ合わせる。

三月　早朝

出逢いのビーツポタージュ

材料〔スープ皿2人分〕

・ビーツ…小1個
（200〜250g）
・玉ねぎ…¼個
・オリーブ油…大さじ½
・アニス（ホール）…小さじ¼
・米…大さじ2
・クコの実…5g
・水…450㎖
・牛乳…大さじ2
・バター…5g
・シナモン（パウダー）…1〜2振り
・カルダモン（パウダー）…1振り
・塩…1〜3つまみ

付け合わせ

・バケット（お好みで）…適宜

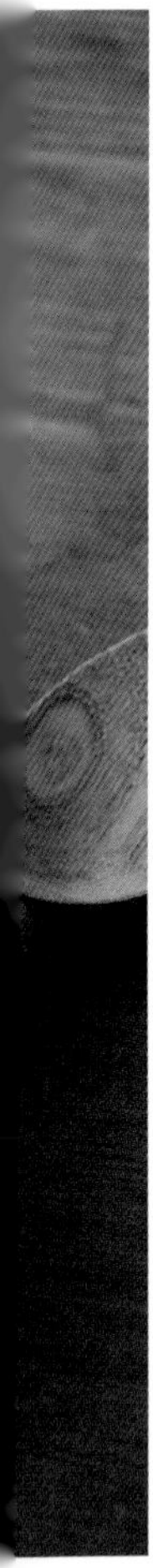

下準備

・玉ねぎ、ビーツは皮をむき、薄切りにする。

作り方

I　鍋にオリーブ油を引き、アニスを入れて弱火にかける。小さな気泡が出てきたら、玉ねぎを入れて弱めの中火で炒める。塩少々（分量外）を入れ、玉ねぎがしんなりするまで炒め、ビーツ、米を加えて油が馴染むように炒める。クコの実、水を入れ、強めの中火にかける。

II　ふつふつしてきたら弱めの中火にし、ビーツが柔らかくなるまで30〜40分煮る。途中アクを取り除く。ミキサーに入れ、なめらかになるまで攪拌する。ボウルの上にザルをおいて濾す。

III　鍋にIIを戻し、牛乳を加えて温める。バター、シナモン、カルダモンを入れ、塩で味を調える。スープ皿に注ぐ。お好みでバケットを添える。

memo

・米は生の米を洗わずに入れてください。ポタージュにとろみがつきます。
・ミキサーで攪拌した後に漉すことによって、よりなめらかな仕上がりになります。

ビーツのポタージュは関西に引っ越したときに作ってもらった懐かしい料理です。新しい場所、出逢いにわくわくしつつも心細かった私を迎えてくれた、やさしい味。思い出のスープに、ほんのり甘い香りのアニスと、クコの実を加えたコクのあるポタージュです。

三月　おやつ

可憐ないちごとカルダモンのシェイク

材料〔コップ2杯分〕

・いちご…300g（約1パック）

・きび糖…小さじ2

A
・甘酒…150㎖
・プレーンヨーグルト…大さじ4

・カルダモン（パウダー）
…2〜3振り

トッピング（飾り）

・いちご…2個

下準備

・いちごはよく洗い、ヘタを取り、水気をしっかりと拭き取る。縦半分に切り、冷凍しておく。

・トッピングのいちごは、ヘタを取り除いた部分に、包丁で一文字に軽く切り込みを入れる。

作り方

I　冷凍したいちごとAをミキサーに入れ、全体がなめらかになるまで撹拌する。

II　カルダモンを入れ、再び撹拌する。

III　コップに注ぐ。トッピングのいちごを飾る。

memo

・仕上げにカルダモンを加え、撹拌することで、より香りが引き立ちます。

幼い頃、春になると母方の祖母はいちごを甘く煮て、アイスを作ってくれました。タッパーに入ったアイスを、スプーンですくい器に盛ってくれる様子を、わくわくした気持ちで眺めていました。今では、凍らせたいちごに甘酒やヨーグルトを合わせ、さっぱりと食べるのがお気に入りです。

三月　日暮れ

春を待つ生姜入り甘酒豆乳

材料〔コップ2杯分〕

・酒粕…40g
・水…220㎖
・きび糖…大さじ2
・はちみつ…小さじ1〜2
・無調整豆乳…120㎖
・牛乳…大さじ2
・生姜…1片
・クローブ（パウダー）…1〜2振り

下準備

・生姜はスプーンの背を使って皮を薄くむき、すりおろす。

作り方

I　鍋に酒粕をちぎりながら入れ、水を入れて弱火にかける。木べらを使い、鍋底から酒粕を溶かすように、ゆっくりかき混ぜる。

II　酒粕がすべて溶けたら、きび糖、はちみつを入れて溶かす。

III　無調整豆乳、牛乳を加えて全体が温まってきたら火を止め、すりおろした生姜、クローブを入れる。コップに注ぐ。

ゆっくりかき混ぜて、
酒粕をまんべんなく溶かす。

memo

・無調整豆乳、牛乳を入れた後は、加熱しすぎないように気をつけてください。

春の訪れを感じつつ、まだ炬燵がしまえない肌寒い時季。子どもの頃、実家ではお粥状に炊いた餅米に米麹を合わせ、炬燵の中で温めて甘酒を作っていました。レシピでは酒粕を使い、手軽に作れる甘酒を紹介しています。生姜を入れれば、身体も芯から温まります。

三月　晩

まろやかなサブジ風カリフラワーのポタージュ

材料〔スープカップ2人分〕

・カリフラワー…¼個（約150g）
・玉ねぎ…¼個
・えのき…50g
・オリーブ油…大さじ1
・クミン（ホール）…小さじ½
・ターメリック（パウダー）…小さじ1
・カシューナッツ…10g
・水…350㎖
・無調整豆乳…大さじ3
・バター…5g
・シナモン（パウダー）…1振り
・塩…1〜3つまみ

トッピング

・粉チーズ…適宜

下準備

・カリフラワーは小房に分け、鍋にたっぷりの湯（分量外）を沸かし、塩（分量外）を加えて約1分茹でる。ざるに上げて、粗熱を取り、薄く刻む。
・玉ねぎは皮をむいて薄切りにし、えのきは2㎝程度のざく切りにする。カシューナッツは粗く刻む。

作り方

I　鍋にオリーブ油を引き、クミンを入れて弱火にかける。小さな気泡が出てきたら、玉ねぎを入れて弱めの中火で炒める。塩少々（分量外）を入れ、玉ねぎがしんなりするまで炒め、ターメリックを加えてさらによく炒める。えのき、カリフラワー、カシューナッツを加えて油が馴染むように炒める。水を入れ、強めの中火にかける。

II　ふつふつしてきたら弱めの中火にし、カリフラワーが柔らかくなるまで約10分煮る。途中アクを取り除く。ミキサーに入れ、なめらかになるまで攪拌する。

III　鍋にIIを戻し、無調整豆乳を加えて温める。バター、シナモンを入れ、塩で味を調える。スープカップに注ぎ、粉チーズをかける。

カレー作りに欠かせないターメリックと、クセがなく、ほんのり甘い味のするカリフラワーを合わせた、鮮やかな黄色のポタージュ。クミンを入れ、インド料理の野菜の炒め煮「サブジ」風に仕上げました。豆乳を加えることでまろやかな味わいになります。

四月　早朝

春風吹くよもぎとローズマリーのお茶

材料（ピッチャー（750㎖）1個分）

・乾燥よもぎ…10g
　「水…750㎖
・フェンネル（ホール）…小さじ1/4
・ローズマリー…2本

◎乾燥よもぎ（作りやすい分量）

・よもぎ…約28cmボウル1杯分

トッピング（コップ1杯分）

・レモン…1/8個

下準備

◎乾燥よもぎを作る

・オーブンは100℃に予熱する。

i　よもぎは汚れを取り、よく水で洗う。鍋にたっぷりの湯（分量外）を沸かし、よもぎを入れ、茹でこぼしてアクを抜く。

ii　iを蒸し器に入れ、20〜30分蒸す。粗熱を取り、天板にオーブンシートを敷き、よもぎをまんべんなく並べる。

iii　100℃に予熱したオーブンにiiを入れ、1時間加熱する。取り出して、よもぎの表面を返し、再びオーブンで1時間加熱する。これを繰り返し、計3時間オーブンで加熱し、よもぎをしっかりと乾燥させる。

作り方

I　ピッチャーにフェンネルとローズマリーを入れておく。

II　鍋に分量の水を入れ、火にかける。沸騰したら乾燥よもぎを加え弱火にし、1分〜1分半煮出す。ボウルの上にザルをおき、よもぎを漉す。

III　IIの漉した液をIに入れる。粗熱を取り、冷蔵庫に入れ冷やす。よく冷えたらコップに注ぎ、レモンを絞り、マドラーで混ぜ合わせる。

memo

・余った乾燥よもぎはジップ付きの袋に入れて保管できます。シリカゲルなどを入れておくとより長持ちします。
・ローズマリーは苦味が出やすいので、よもぎ茶を入れてから約30分後に取り出しましょう。

ハーブの女王とも称されるよもぎ。水溶性のビタミンを多く含むよもぎは、蒸すことでその栄養素を逃がさず摂取できます。身体を温め、体内のバランスを整えてくれるので、新しい環境に移り、緊張する機会も増えるこの季節におすすめです。ローズマリーと合わせ、すっきりとした味わいに。

蒸し器の蓋を開けると、よもぎの香りが漂う。

オーブンでよもぎをしっかりと乾燥させる。

四月　昼

柔らかな春野菜のグリーンポタージュ

材料〔スープ皿2人分〕

・えんどう豆
　…さや入り100g（豆のみ50g）
・新玉ねぎ…¼個
・キャベツ…約⅙個（150g）
・アスパラガス…約5本（100g）
・オリーブ油…大さじ½
・フェンネル（ホール）…小さじ¼
・くるみ…10g
・水…450㎖
・無調整豆乳…100㎖

A
・無糖ヨーグルト…大さじ1と½
・粉チーズ…大さじ1
・カルダモン（パウダー）…1〜2振り
・塩…小さじ¼弱
・ブラックペッパー（パウダー）…少々

トッピング

・無糖ヨーグルト、ミント、ディル、オリーブ油…適宜

下準備

・えんどう豆はさやから取り出す。アスパラガスは根元の硬い部分を1㎝弱切り落とし、根元から5㎝程度までピーラーで皮をむき、ざく切りにする。鍋に湯（分量外）を沸かし、塩（分量外）を加え、えんどう豆、アスパラガスをそれぞれ茹でる。
・新玉ねぎは皮をむいて薄切りにし、キャベツはざく切りにする。
・トッピングの無糖ヨーグルトは紙製のコーヒーフィルターに包み、水気を切っておく。

作り方

I　鍋にオリーブ油を引き、フェンネルを入れて弱火にかける。小さな気泡が出てきたら、新玉ねぎを入れて弱めの中火で炒める。塩少々（分量外）を入れ、新玉ねぎがしんなりするまで炒め、キャベツ、アスパラガス、えんどう豆、くるみを加えて油が馴染むように炒める。水を入れ、強めの中火にかける。

II　ふつふつしてきたら弱めの中火にし、キャベツ、アスパラガスが柔らかくなるまで20〜30分煮る。途中アクを取り除く。ミキサーに入れ、なめらかになるまで攪拌する。

III　ボウルにIIを入れ、Aを加えて混ぜ合わせる。別のボウルの上にザルをおいて漉す。冷蔵庫に入れ1〜2時間冷やす。カルダモンを入

れ、塩、ブラックペッパーで味を調える。スープ皿に注ぎ、水切りした無糖ヨーグルト、ミント、ディルを添え、オリーブ油を回しかける。

春らしい青々とした野菜をたっぷり入れたポタージュです。野菜の青臭さはくるみや粉チーズを入れることで和らぎます。裏漉しをすることで舌触りもなめらかに。裏漉しの残りは、ツナを加え、マヨネーズで和え、パンに挟んでサンドウィッチにしても美味しく召し上がれます。

四月　日暮れ

活力みなぎる新玉ねぎのグリルスープ

オニオングラタンスープに、デュクセルソース（キノコ、玉ねぎまたはエシャロット、ハーブなどをみじん切りにして、バターでソテーして煮詰めたもの）を合わせたような、旨味が詰まったスープです。バケットはこんがり焼いてからスープに入れると美味しく仕上がります。

材料（耐熱カップ〈300㎖〉2個分）

・新玉ねぎ…2個
・ホワイトマッシュルーム…40g
・バター…20g
・オリーブ油…大さじ1弱
・にんにく…1片
・水…300㎖
・シナモン（パウダー）…1〜2振り
・ナツメッグ（パウダー）…2振り
・塩…小さじ¼〜⅓
・ブラックペッパー…少々
・バケット（1枚1㎝幅にカット）…6枚
・とろけるチーズ（ピザ用）…40g

トッピング

・パセリ…適宜

memo

・耐熱カップはオーブン200℃以上に対応するものを使用してください。

下準備

・新玉ねぎは皮をむき、ホワイトマッシュルームは石づきを取る。それぞれ薄切りにする。トッピングのパセリはみじん切りに刻む。
・耐熱カップにオリーブ油（分量外）を塗っておく。
・バケットは、トースターでこんがり焼く。
・オーブンは200℃に予熱する。

作り方

I フライパンにバター、オリーブ油を引き、火にかける。バターが溶けたら、新玉ねぎを入れて弱めの中火で炒める。塩少々（分量外）を入れ、新玉ねぎがしんなりするまで炒め、ホワイトマッシュルームを加えて炒める。新玉ねぎが最初に入れた量の半分程度まで減ったら、にんにくをすりおろして加える。

II 水を3回に分けて加え、フライパンの中の具材と馴染むように混ぜ合わせる。全体がよく混ざったらシナモン、ナツメッグを入れ、塩、ブラックペッパーで味を調える。ミキサーに入れ、なめらかになるまで攪拌する。

III オリーブ油を塗った耐熱カップにIIの¼量を入れ、バケットを1枚のせて、とろけるチーズ10gをのせる。同じカップに再度IIの¼量を入れ、バケットを2枚、とろけるチーズ10gをまんべんなくのせる。カップ2個分を作る。天板にのせ、200℃に予熱したオーブンに入れ、約8分加熱する。刻んだパセリをのせる。

四月　晩

心惹かれる桜のレモネード

材料〔コップ2杯分〕

・桜の花の塩漬け…4個

A
・水…300mℓ
・はちみつ…30g
・シナモン（ホール）…1本
・カルダモン（ホール）…3粒

・レモン…½個

下準備

・桜の花の塩漬けは、小さめの器に水を入れ、塩を落とすように洗う。鍋に少量の湯（分量外）を沸かし、耐熱容器またはコップなどに移し入れ、水洗いした桜の花を入れる。菜箸を使い、花びらを開かせる。

・シナモンは半分に割り、カルダモンは包丁で切れ目を入れておく。

作り方

I　鍋にAを入れて中火にかける。ふつふつしてきたら弱めの中火にし、途中鍋を揺するように動かし、1～2分スパイスの香りを煮出す。

II　火を止め、レモンを絞り、混ぜ合わせる。

III　IIを茶漉しで漉しながら、コップに注ぐ。桜の花を入れる。マドラーでやさしく混ぜ、桜の花びらを開かせる。

memo

・桜の花の塩漬けは塩を落として、湯に入れておくことで、綺麗に花びらが開きます。

肌寒い四月の晩のこと。友人に温かいレモネードを淹れてもらい、夜が更けるまで語り合った日の帰り道。川沿いに並ぶ夜桜を見かけ、春の訪れを感じました。その時の情景を懐しく思い出しながら作ったドリンクです。はちみつのまろやかさとシナモンの香りが気持ちを穏やかにしてくれます。

五月　早朝

おちゃめな桜桃《さくらんぼ》とオールスパイスのアールグレイティー

材料〔ティーカップ1杯分〕
・桜桃ジャム…大さじ1
・アールグレイティー（ティーバック）…1パック
湯…150mℓ

◎桜桃ジャム〔作りやすい分量〕
・桜桃…400g（約2パック）
・きび糖…125g
・レモン果汁…大さじ½（レモン⅛個分）
・ブランデー…大さじ1
・はちみつ…大さじ1
・オールスパイス（パウダー）…2〜3振り
・ピンクペッパー（ホール）…8〜12粒

作り方
◎桜桃ジャムを作る
i　桜桃はよく洗い、柄を取り、水気をしっかり拭き取る。包丁で半分に切り、種を取り除く。
ii　ボウルにiときび糖、レモン果汁を入れて混ぜ合わせる。ラップをして、冷蔵庫に入れ一晩漬けておく。
iii　鍋にiiとブランデー、はちみつを入れ、中火にかける。ふつふつしてきたら弱火で煮る。木べらで一文字がかける程度までとろみがついたら、火を止める。オールスパイス、ピンクペッパーは指でつぶすようにして加え、混ぜ合わせる。

飲み方
I　ティーカップに桜桃ジャムを入れる。
II　湯を沸かし、アールグレイティーを淹れる。
III　Iにアールグレイティーを注ぎ、スプーンで混ぜ合わせる。

実家には桜桃の木が一本あります。毎年、赤い宝石のように色づく実は、鳥たちがついばむのが先か、私たちが食べるのが先かという具合で、楽しめる時季もあっという間。甘酸っぱい桜桃のジャムと、ピリッとしたピンクペッパーがよく合う、まろやかな紅茶です。

五月　昼

新緑彩るフェンネルのポタージュ

独特なフェンネルの香りが引き立つポタージュ。フェンネルは株の部分をポタージュに、茎や葉の部分をブイヨンにすることで余すことなく使えます。ブイヨンで使用した野菜は味が少し抜けていますが、鶏肉などと一緒にオーブンで焼き、マスタードにつけると美味しく召し上がれます。

材料〔スープカップ2人分〕
・フェンネル（株）…½株（約250g）
・新玉ねぎ…¼個
・新じゃが芋…1個
・オリーブ油…大さじ½
・アニス（ホール）…小さじ⅛
・ブイヨン…300〜400㎖
・シナモン（パウダー）…1振り
・ナツメッグ（パウダー）…1振り
・塩…2〜3つまみ
・ブラックペッパー…少々

◎ブイヨン〔作りやすい分量〕
・フェンネル（茎・葉）…1株分
・玉ねぎ…1個
・人参…1本
・ブラウンマッシュルーム…100g
・にんにく…2片
・水…1.2ℓ

トッピング
・クルトン、粉チーズ、オリーブ油…適宜

下準備
・フェンネルは株と茎に切り分ける。フェンネルの株は1.5〜2cm角に切る。茎と葉はざく切りにする。
・新玉ねぎは皮をむき、薄切りにする。新じゃが芋は皮をむいて一口大に切り、水にさらしザルにあげる。

◎ブイヨンを作る
i ブラウンマッシュルームはキッチンペーパーでよく拭き、半分に切る。その他の材料はよく洗い、玉ねぎ、人参は皮ごとざく切りにする。
ii 鍋にブイヨンの材料をすべて加え、火にかける。沸騰したら弱火にし、約30分煮る。途中アクを取り除く。ボウルの上にザルをおいて漉す。

作り方
I 鍋にオリーブ油を引き、アニスを入れて弱火にかける。小さな気泡が出てきたら、新玉ねぎを入れて弱めの中火で炒める。塩少々（分量外）を入れ、新玉ねぎがしんなりするまで炒め、フェンネルの株、新じゃが芋を加えて油が馴染むように炒める。ブイヨンを入れ、強めの中火にかける。
II ふつふつしてきたら弱めの中火にし、新じゃが芋が柔らかくなるまで煮る。途中アクを取り除く。ミキサーに入れ、なめらかになるまで攪拌する。
III 鍋にIIを戻し、シナモン、ナツメッグを入れ、塩、ブラックペッパーで味を調える。スープカップに注ぎ、クルトン、粉チーズをのせ、オリーブ油を回しかける。

野菜を皮ごと煮込み、旨味たっぷりのブイヨンに。

五月　おやつ

陽だまりの
ルバーブジャムのスカッシュ

ルバーブの茎は赤色と緑色に色付くものがあります。写真は、緑色のルバーブで作ったもの。甘酸っぱいルバーブジャムはパンに塗ったり、お肉のソースにしたりと幅広く使えます。多めに作って冷凍庫で保存し、日々の料理の楽しみに。

材料〔コップ1杯分〕

・ルバーブジャム…大さじ2
・炭酸水…150㎖
・レモングラス…適宜
・カルダモン（パウダー）…1振り
・氷（お好みで）…適宜

◎ルバーブジャム〔作りやすい分量〕

・ルバーブ（茎）…500g
・きび糖…250g
・レモン果汁…大さじ3（レモン¾個分）
・カルダモン（パウダー）…3振り

作り方

◎ルバーブジャムを作る

i　ルバーブはよく洗い、ざく切りにする。水を張ったボウルに入れ、30分〜1時間さらしてアクを抜き、水気を拭き取っておく。

ii　ボウルにi、きび糖、レモン果汁を入れて混ぜ合わせる。ラップをして、冷蔵庫に入れ一晩漬けておく。

iii　鍋にiiを入れ火にかけ、ふつふつしてきたら弱火にする。木べらで一文字がかける程度までとろみがついたら、火を止める。カルダモンを入れる。

ルバーブの硬い茎が柔らかくなり、とろりとしたジャムに。

飲み方

I　コップにルバーブジャム、カルダモンを入れる。

II　お好みで氷、レモングラスを入れて、炭酸水を注ぐ。マドラーで混ぜ合わせる。

memo

・ルバーブの葉には有毒成分が含まれるのでご注意ください。茎もアクが強いので、水にさらしてから調理をすることをおすすめします。
・炭酸で割る際にも、カルダモンを入れることで、より爽やかな風味が楽しめます。

五月　晩

素朴なやさしさの人参ポタージュ

材料（スープカップ2人分）

・人参…1と½本（約230g）
・玉ねぎ…⅙個（40g）
・オリーブ油…大さじ½
・白ワイン…大さじ½
・米…大さじ1
・ドライアプリコット…1個（約5g）
・水…450㎖
・牛乳…大さじ2
・粉チーズ…小さじ2
・バター…5〜10g
・ナツメッグ（パウダー）…1振り
・オールスパイス（パウダー）…1〜2振り
・きび糖…少々
・塩…1〜3つまみ

トッピング

・クルミ、チャービル…適宜

下準備

・玉ねぎ、人参は皮をむき、薄切りにする。ドライアプリコットは小さく刻む。

作り方

I　鍋にオリーブ油を引き、玉ねぎを入れて弱めの中火で炒める。塩少々（分量外）を入れ、玉ねぎがしんなりするまで炒め、白ワインを加えアルコールを飛ばす。人参、米、ドライアプリコットを入れて油を馴染ませるように炒める。水を入れ、強めの中火にかける。

II　ふつふつしてきたら弱めの中火にし、米が柔らかくなり味見をして甘みを感じる程度になるまで20〜25分煮る。ミキサーに入れ、なめらかになるまで攪拌する。

III　IIを鍋に戻し、牛乳、粉チーズを加えて温める。バター、ナツメッグ、オールスパイスを入れ、きび糖、塩で味を調える。スープカップに注ぎ、クルミをのせ、チャービルを添える。

memo

・米は生の米を洗わずに入れてください。ポタージュにとろみがつきます。

調理師学校に通っていたときに作った、人参のポタージュ。素材を切る、炒める、煮る。一つ一つの手のかけ方によって味が変わり、感動したことを覚えています。当時の味をアレンジし、アプリコットやスパイスを加えています。素材の味を生かす大切さを思い出させてくれる一品です。

旬の食材のこと

幼い頃、曾祖父母、祖父母、父、母、弟二人の
四世代で暮らしていた我が家は
畑に囲まれ、家の居間には大きな楕円形の食卓がありました。
その食卓をみんなで囲むひとときが大好きでした。

台所では、曾祖母、祖母、母の三人が手際よく、料理を作っていました。
料理上手な母たちを見て、私も早くその仲間に入りたいと、
母たちの手元を覗き込んでは、「お手伝いさせてー」と言ったものです。

畑で採れた季節の食材は、
ほくほくの煮物やさっぱりした和え物になって、食卓に並びました。
ときには、苦手だった酢の物にも……。
顔をしかめる私に「身体に良いのよ」と言うのが母のお決まりの言葉でした。

季節の食材は家族みんなの手で料理になっていきます。

春には、曽祖母が土手で摘んだつくしや裏庭で採れたふきで、
よく煮物や佃煮を作ってくれました。
小さな背中をした曽祖母は、丁寧にふきのスジを取り、大きな鍋で煮ていました。
大人になって自分でもふきを煮るようになると、
「そうそう、ひいおばあちゃんはこう作っていたなー」
と、ほろ苦い味わいとともに、曽祖母のやさしさを思い出します。

秋の夕暮れには、外の水場で祖父がひとり黙々と里芋を洗っては、
とろとろの煮っころがしを作ってくれました。
日々の何気ない手仕事や料理を通して、
旬の食材で作る楽しさと大切さを教えてもらいました。

曽祖母は「春は山菜みたいなほろ苦いものを食べるのよ」とよく言っていました。
旬の食材をありがたくいただきなさい、これが母たちの教えでした。

大地の恵みをいっぱいに受けて育った季節の野菜や果物は、
心と身体を整え、活力になるものだと感じています。

大地の恵みをたっぷり受けた野菜たち。豊《ぶん》後《ご》梅《うめ》(p55中央)、茗荷(右上)、とうもろこし(左下)、ズッキーニ(中央下)、じゃが芋(右下)。

曾祖父の代から、今も引き
継がれている畑。

青空に伸びゆく木。鮮やかに
実る金柑はつい採って食べた
くなる。

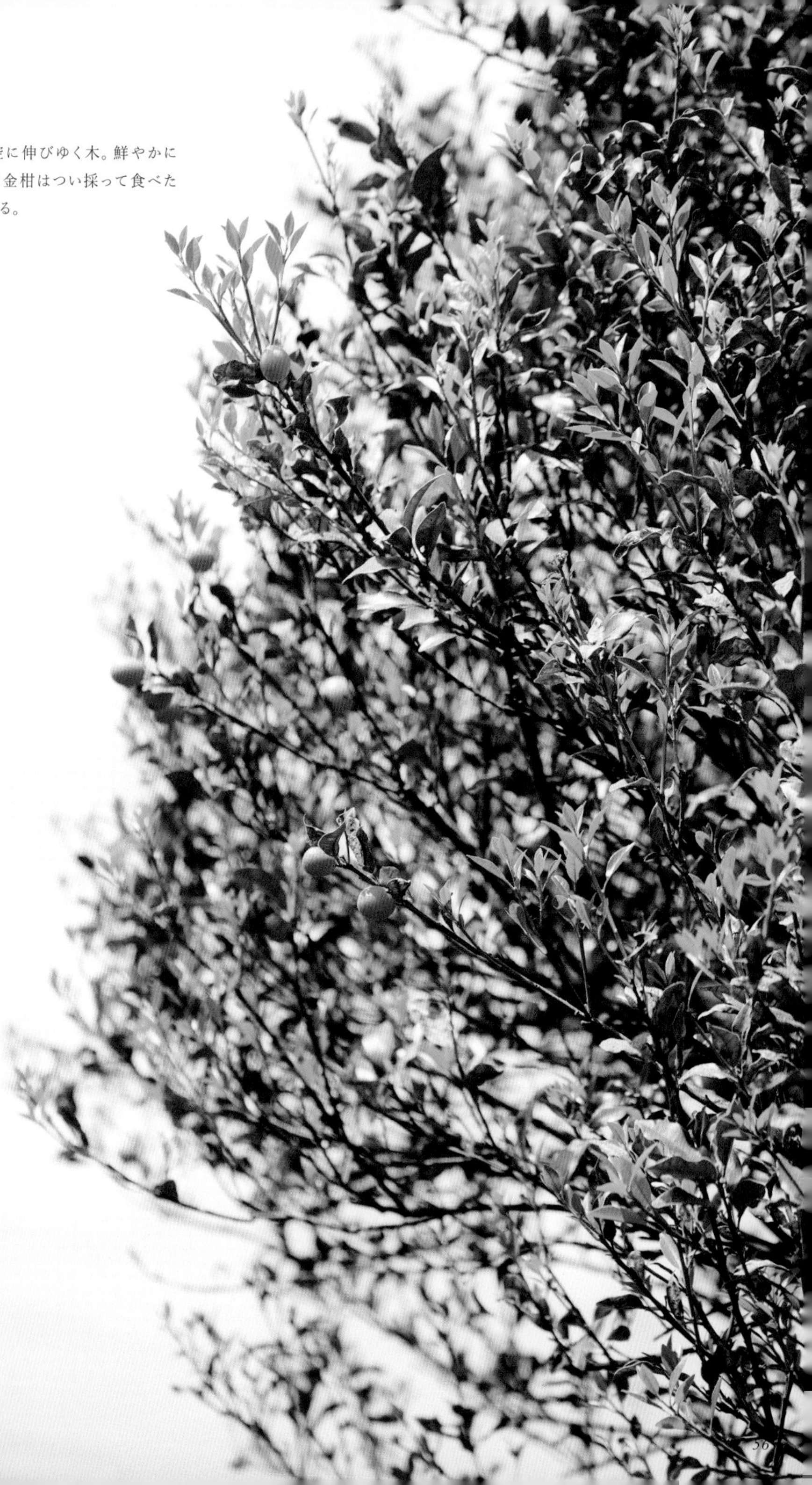

清涼感漂うミント(左)と初夏に色付くグミの実(右)。

コーンフラワー(左下)とカモミール(右上)。フレッシュなハーブにお湯を注ぎ、柔らかい香りが漂うハーブティーに。

畑の一画には、爽やかな香りのハーブが茂っている。母が手入れをする癒しの空間。

六月　早朝

慈愛の梅とコリアンダーのレモネード

材料〔コップ1杯分〕
・梅シロップ…60ml
・湯…80ml
・レモン…1/8個

◎梅シロップ〔果実酒用保存瓶（2ℓ）1個分〕
・青梅…500g
・氷砂糖…500g
・カルダモン（ホール）…5粒
・コリアンダー（ホール）…8粒

＊注意＊
青梅には青酸配糖体という成分が含まれるため、そのままでは決して食べないでください。青梅は十分に漬け込み、色が変わってからシロップとしてお召し上がりください。

作り方

◎梅シロップを作る

・　保存瓶は熱湯消毒をして、乾燥させておく。

i　青梅は黒いヘタを楊枝で取り除き、水でよく洗い、1つずつしっかりと水気を拭き取る。机の上にキッチンペーパーを敷き、青梅を重ならないように並べ、1〜2時間乾燥させる。

ii　保存瓶に青梅、氷砂糖、カルダモン、コリアンダーの順に、それぞれ1/3量ずつ入れる。これを3回繰り返し、すべての材料を保存瓶に入れ、しっかりと蓋をする。

iii　冷暗所におき、漬けた翌日から1日数回、溶けたシロップが梅全体に馴染むように保存瓶を傾けながら回す。7〜10日すると梅が浮いてくる。2〜3週間漬け込む。

飲み方

I　コップに梅シロップを入れ、湯を注ぐ。レモンを絞り、スプーンなどで混ぜ合わせる。

memo

・1か月〜1か月半経ち、梅がしわしわになってきたら、シロップから梅を取り出しましょう。

「梅はその日の難逃れ」と言います。子どもの頃は、母に梅干しを食べてから学校に行きなさいとよく言われていました。当時は梅干しの酸っぱさが苦手で、なかなか箸が進まず……。梅シロップにカルダモンやレモンを加えることで、まろやかな味わいに。

六月　昼

雨の日のプラムとラベンダーのビネガードリンク

材料〔コップ1杯分〕

・プラムシロップ…80㎖
・水…80㎖

◎プラムシロップ〔作りやすい分量〕

・プラム…6個
・ラベンダー…5本
・きび糖…50g

A
・リンゴ酢…100㎖
・きび糖…30g
・アニス（ホール）…小さじ1/4
・カルダモン（ホール）…3粒

memo

・プラムは品種により酸味も違うため、作る前に一度味見をしてきび糖の量を調整すると、よりお好みの味に仕上がります。

作り方

◎プラムシロップを作る

・カルダモンは包丁で切れ目を入れておく。

i　プラムは水でよく洗い、水気をしっかり拭き取る。包丁で皮ごと縦半分に切れ目を入れ、ねじるように2つに分け、種を取り除く。さらに縦半分に切る。ラベンダーはよく洗い、水気を拭き取る。

ii　ボウルにiのプラム、ラベンダー、きび糖を入れて混ぜ合わせる。ラップをして、冷蔵庫に入れ一晩漬けておく。

iii　鍋にAを入れ、中火にかける。一煮立ちしたら火を止める。ボウルに移し、氷水に当てて粗熱を取る。iiに入れて混ぜ合わせ、冷蔵庫に入れ冷やす。

飲み方

I　コップにプラムシロップを入れ、水を注ぐ。マドラーで混ぜ合わせる。

しとしと雨が降る日は爽やかなビネガードリンクですっきりと。リラックス効果があるとされるラベンダーと、甘く清涼感のあるアニスの香りが、気分を晴れやかにしてくれます。昼食後にリフレッシュしたら、午後からもうひと頑張り。

六月　日暮れ

鮮やかな山桃とジュニパーベリーのスカッシュ

材料〔コップ1杯分〕

・山桃シロップ…60㎖
・炭酸水…100〜120㎖

◎山桃シロップ〔果実酒用保存瓶（2ℓ）1個分〕

・山桃…500g
・氷砂糖…500g
・ジュニパーベリー…10粒
・ホワイトラム…大さじ1と½

memo

・ホワイトラムは殺菌を兼ねて加えています。
・シロップに炭酸水を注ぐ際、まれに炭酸の泡が溢れることがあります。炭酸水はゆっくり注いでください。

作り方

◎山桃シロップを作る

・ 保存瓶は熱湯消毒をして、乾燥させておく。

i 山桃は水でよく洗い、1つずつしっかりと水気を拭き取る。机の上にキッチンペーパーを敷き、山桃を重ならないように並べ、1〜2時間乾燥させる。

ii 保存瓶に山桃、氷砂糖、ジュニパーベリー、ホワイトラムの順に、それぞれ⅓量ずつ入れる。これを3回繰り返し、すべての材料を保存瓶に入れ、しっかりと蓋をする。

iii 冷暗所におき、漬けた翌日から1日数回、溶けたシロップが山桃全体に馴染むように、瓶を傾けながら回す。氷砂糖が溶けきるまで、約1週間漬け込む。

飲み方

I コップに山桃シロップを入れ、炭酸水を注ぐ。マドラーで混ぜ合わせる。

山桃は雨に当たると水っぽくなってしまうため、実ってきた梅雨の合間に一気に収穫します。甘酸っぱい山桃は氷砂糖と漬け込み、シロップなどの保存食にしておくと、色々な料理にアレンジして楽しめます。見た目も可愛らしく、食卓も彩り豊かになります。

無花果を見かける季節になると、赤ワインやスパイスと煮込んでコンポートにします。アイスのトッピングにしても、バケットにチーズと一緒に添えても、美味しい初夏のごちそうになります。コンポートは皮をむかず、弱火でコトコト煮込むと綺麗に仕上がります。

六月　晩

艶やかな無花果のホットルイボスティー

材料〔コップ1杯分〕

・無花果のコンポート…½個分
・無花果のコンポートのシロップ…大さじ2
・ルイボスティー（ティーパック）…1パック
　湯…150㎖

◎無花果のコンポート〔作りやすい分量〕

・無花果…4個
・赤ワイン…400㎖
・水…100㎖
・きび糖…70〜100g

A
・シナモン（ホール）…2本
・クローブ（ホール）…2〜3粒
・八角（ホール）…2個
・ピンクペッパー（ホール）…5粒

memo
・ルイボスティーには利尿作用があるので、寝る前の摂りすぎには気をつけてください。

作り方

◎無花果のコンポートを作る

・シナモンは半分に割っておく。

i　無花果はよく洗い、水気を拭き取る。

ii　鍋にAを入れ、強めの中火にかける。一煮立ちしたら、2〜3分火にかけアルコールを飛ばし、一度火を止める。iを入れ、落し蓋をして火にかけ、ふつふつしてきたら弱火にし、約40分煮込む。火を止め、粗熱を取る。

iii　保存容器に移し、冷蔵庫に入れ一晩おき、味を染み込ませる。

飲み方

I　無花果のコンポートは皮を包丁でむき、一口大よりやや小さめに切る。

II　湯を沸かし、ルイボスティーを淹れる。

III　コップにI、無花果のコンポートのシロップを入れ、ルイボスティーを注ぐ。マドラーで混ぜ合わせる。

ある年の夏、母が松葉で作ったシロップを送ってくれました。「神秘的な味だよ」と。その言葉だけで、力が湧いてきそうな気がしました。日が当たる所におき、発酵させることで松葉から気泡が出てきます。夏の天気が良い日に、ぜひ試してみてください。

七月 早朝

神秘なる
松葉のジンジャーエール

材料〔コップ1杯分〕
・松葉のシロップ…100㎖
・水…60㎖

◎松葉のシロップ〔ジャム瓶（850㎖）1個分〕
・松葉…100g
・きび糖…60g
・水…550〜600㎖
A
・生姜…80g
・カルダモン（ホール）…5粒
・きび糖…40g

memo
・漬け込み始めてから2〜3日後、気泡が出ていたら松葉を漉してください。発酵が進みすぎると、アルコールが生成される可能性もあるので、ご注意ください。

作り方
◎松葉のシロップを作る
・ジャム瓶は熱湯消毒し、乾燥させておく。
・生姜は薄切りにし、カルダモンは包丁で切れ目を入れる。
i 松葉はよく洗い、ヤニの部分を取り除く。ジャム瓶に松葉、きび糖、水を入れ、蓋をして日が当たる所におく。1〜2日すると松葉から気泡が出る。2〜3日したらボウルの上にザルをおき、松葉を漉す。漉した液を保存瓶に入れる。
ii ボウルにAを入れて混ぜ合わせる。ラップをして、冷蔵庫に入れ一晩漬けておく。別のボウルの上にザルをおいて濾す。
iii iiの漉した液をiに入れる。保存瓶の蓋をして全体が混ざるように、保存瓶を傾けながら回す。

作り方
I コップに松葉のシロップ、水を注ぐ。マドラーで混ぜ合わせる。

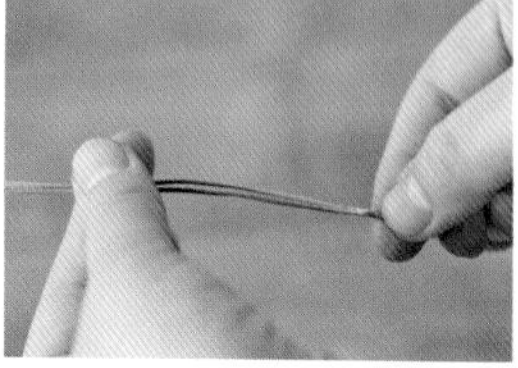

松葉のヤニはきれいに取り除く。キッチンペーパーを使うと手を汚さず、取りやすい。

七月　昼

南国気分のマンゴーウーロンティー

材料〔コップ1杯分〕

・マンゴーアイス…100g

・黒烏龍茶（水出し用ティーバック）…1パック

水…70〜80mℓ

◎マンゴーアイス〔コップ2杯分〕

・マンゴー…1個（皮をむいて200〜250g）

・きび糖…80〜100g

A
・生姜…½片弱
・カルダモン（ホール）…3粒
・レモングラス…約2本

・牛乳…大さじ1

・レモン果汁…大さじ1（レモン¼個分）

トッピング

・ミント…適宜

下準備

・黒烏龍茶は約1時間水出しして、冷蔵庫に入れ冷やしておく。

作り方

◎マンゴーアイスを作る

・マンゴーは種に沿って包丁を入れ、皮をむき、一口大の大きさに切る。生姜は薄切りにする。カルダモンは包丁で切れ目を入れておく。レモングラスはハサミで約5cmの長さに切る。

i　ボウルにマンゴー、Aを入れて混ぜ合わせる。ラップをして、冷蔵庫に入れ一晩漬けておく。

ii　鍋にiを入れ、弱めの中火で煮る。木べらで一文字がかける程度までとろみがついたら、火を止める。生姜、カルダモン、レモングラスを取り出す。粗熱を取り、フードプロセッサーに入れ攪拌する。ボウルに入れ、牛乳、レモン果汁を加え、混ぜ合わせる。保存容器に移し、冷凍庫に約半日入れて、冷やし固める。

iii　iiをフードプロセッサーに入れ、なめらかになるまで攪拌する。保存容器に戻し、再び冷凍庫に半日〜1日入れ、冷やし固める。

飲み方

1　コップにマンゴーアイスを入れ、冷えた黒烏龍茶を注ぐ。ミントを添える。

memo

・冷凍したマンゴーアイスをフードプロセッサーに入れる際、保存容器から取り出しにくい場合は、電子レンジで少し加熱してください。

まろやかなマンゴーアイスと、さっぱりとした濃いめの黒烏龍茶がよく合います。暑い夏の日に、食後のデザート感覚で、冷えた黒烏龍茶を注ぎ、溶かしながら、お召し上がりください。爽やかなレモンと生姜のピリッとした辛みが後味を引き締めてくれます。

七月　日暮れ

おませな桃の冷製ミルクスープ

美味しい桃のコンポートを作るコツは、弱火でじっくりと火を入れること。時間をかけて煮込むことでトロッとした仕上がりに。冷蔵庫に入れ寝かせることで、味が染み込みます。お家に友達が遊びにきた時など、おもてなしのデザートとしても喜ばれる一品です。

材料〔スープ皿1人分〕

・桃のコンポート…1個分

A
・アーモンドミルク（無糖）…50mℓ
・無調整豆乳…大さじ2
・桃のコンポートのシロップ…大さじ3〜4

◎桃のコンポート〔スープ皿2人分〕

・桃…2個

B
・白ワイン…400mℓ
・水…100mℓ
・きび糖…120mℓ
・コリアンダー…7粒
・カルダモン…3粒

トッピング
・ミント…適宜

作り方

◎桃のコンポートを作る

・カルダモンは包丁で切れ目を入れておく。

i 桃はよく洗い、水気を拭き取る。包丁で皮ごと縦半分に切れ目を入れ、ねじるように2つに分け、種を取り除く。

ii 鍋にBを入れ、強めの中火にかける。一煮立ちしたら一度火を止める。iを入れ、落し蓋をして火にかけ、ふつふつしてきたら弱火にし、約40分煮込む。粗熱を取る。桃の皮をむく。

iii iiの桃とシロップを保存容器に移す。冷蔵庫に入れて冷やす。

桃の形が崩れないように火加減に気をつけて煮込む。

飲み方

I ボウルにAを入れて混ぜ合わせる。冷蔵庫に入れて冷やす。

II 皿に桃のコンポートを盛り、冷やしたIを注ぎ入れる。ミントを添える。

七月　晩

爽やかな赤紫蘇とレモングラスのジュース

材料〔コップ1杯分〕

・赤紫蘇シロップ…50㎖
・水または炭酸水…130㎖

赤紫蘇シロップ〔ピッチャー（750㎖）1個分〕

・赤紫蘇…400g
・青紫蘇…100g
・レモングラス…約2本（5g）
・オールスパイス（ホール）…7粒
・水…800㎖
・きび糖…250g
・酢…250g

作り方

◎赤紫蘇シロップを作る

・赤紫蘇、青紫蘇、レモングラスはよく洗う。レモングラスは水気を拭き取っておく。
・ピッチャーにレモングラス、オールスパイスを入れておく。
i　鍋に湯（分量外）を沸かし、赤紫蘇、青紫蘇を入れ、茹でこぼす。鍋に分量の水を入れて火にかけ、沸騰したら茹でこぼした紫蘇を加え、弱めの中火にし、3〜5分煮る。
ii　ボウルの上にザルをおいてiを漉し、漉した液を鍋に戻す。きび糖、酢を加えて再び火にかけ、きび糖が溶けたら火を止める。
iii　iiをピッチャーに入れる。粗熱を取り、冷蔵庫に入れて冷やす。

飲み方

I　赤紫蘇シロップをコップに入れ、水を注ぐ。マドラーで混ぜ合わせる。

夏になると、母は自家製の紫蘇ジュースを送ってくれます。私にとって暑い夏を乗り切るための必需品です。赤紫蘇に青紫蘇を加え、すっきりとした味わいに。レモングラスの香りも紫蘇と相性が良く、爽やかさをより引き立ててくれます。

八月　早朝

晴れた日のバナナとカルダモンのラッシー

材料〔コップ1杯分〕

・バナナ…1本
・甘酒…80㎖
・無調整豆乳…50㎖
・カルダモン（パウダー）…2〜3振り
・ジンジャー（パウダー）…1〜2振り

下準備

・バナナは皮をむき、一口大に切る。切ったバナナはまとめてラップに包み、冷凍しておく。

作り方

Ⅰ　冷凍したバナナと甘酒、無調整豆乳をミキサーに入れ、なめらかになるまで攪拌する。

Ⅱ　カルダモン、ジンジャーを入れ、再び攪拌する。コップに注ぐ。

memo

・冷凍したバナナはミキサーにかける少し前に、冷凍庫から取り出しておくと、攪拌しやすくなります。

バナナを冷凍しておくと、氷を使わずに冷たいスムージーが作れます。おすすめのアレンジは、ゴーヤ¼本（コップ一杯につき）を薄切りにし冷凍して、バナナを加えるタイミングで一緒に入れます。苦すぎず、飲みやすい夏バテ予防の一品です。

八月　昼

ご機嫌なパイナップルジャスミンティー

日差しが心地良い日に、パラソルの下で飲みたくなるフルーツティーです。甘酸っぱいパイナップルにすっきりとした味わいのジャスミンティーがよく合います。仕上げに、レモンをきゅっと絞って、爽やかにお召し上がりください。

材料（コップ1杯分）

・パイナップルシロップ
…大さじ3（50〜60g）
・ジャスミンティー
（水出し用ティーバック）…1パック
└水…100〜120mℓ
・レモン…1/8個

◎パイナップルシロップ（作りやすい分量）

・パイナップル…1/2個（約250g）

A
・きび糖…120g
・コリアンダー（ホール）…15〜20粒
・八角（ホール）…3個
・ローズマリー…2本
・レモン果汁…大さじ1（レモン1/4個分）

下準備

・ジャスミンティーは約1時間水出しして、冷蔵庫に入れ冷やしておく。

作り方

◎パイナップルシロップを作る

i パイナップルは4等分にし、皮をむき、芯を落とす。約1.5cm角に切る。

ii ボウルにiとAを入れて混ぜ合わせる。ラップをして、冷蔵庫に入れ一晩漬けておく。

iii iiを冷蔵庫から取り出し、スプーンで混ぜる。

飲み方

I コップにパイナップルシロップを入れ、冷やしたジャスミンティーを注ぐ。レモンを絞り、スプーンで混ぜ合わせる。

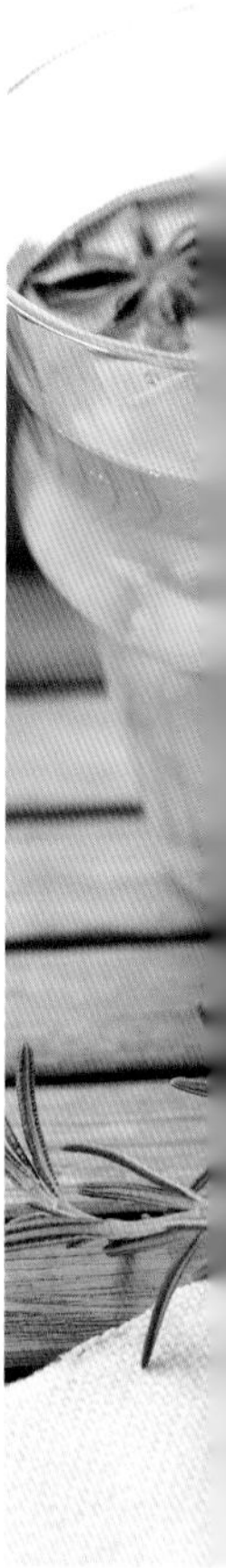

八月　日暮れ

弾けるミニトマトと西瓜のスカッシュ

材料〔コップ1杯分〕

・ミニトマトと西瓜のシロップ
…レードル1杯半（約100㎖）
・炭酸水…60〜80㎖
・バジル…適宜
・タイム…適宜
・レモン…⅛個
・ブラックペッパー（お好みで）…適宜

◎ミニトマトと西瓜のシロップ〔作りやすい分量〕

・ミニトマト（赤、黄色など）…200g
・西瓜…200g（小⅛個）
・レモン果汁…大さじ2（レモン½個分）
・氷砂糖…50g
・水…300㎖

A
・白ワイン…大さじ3
・コリアンダー…7粒
・カルダモン…2粒

作り方

◎ミニトマトと西瓜のシロップを作る

・カルダモンは包丁で切れ目を入れておく。
・ミニトマトは湯むきをする。

i　鍋に氷砂糖、水を入れ、弱めの中火にかけ、氷砂糖をゆっくりと溶かす。氷砂糖がすべて溶けたら、Aを入れ中火にかける。一煮立ちしたら、1〜2分火にかけアルコールを飛ばす。火を止め、ボウルに移す。氷水に当て粗熱を取る。

ii　西瓜は皮をむいて、種を取り除く。一口大に切り、別のボウルに入れる。湯むきしたミニトマトを合わせ、レモン果汁を加える。

iii　iiにiを入れ混ぜ合わせる。冷蔵庫に入れ冷やす。

飲み方

I　ミニトマトと西瓜のシロップ、バジル、タイムをコップに入れ、炭酸水を注ぐ。

II　レモンを絞り、マドラーで混ぜ合わせる。お好みでブラックペッパーを振る。

みずみずしい夏の食材を使った彩り豊かなスカッシュ。ＢＢＱなどのイベントを華やかにしてくれます。お好みでブラックペッパーを加えれば、スパイシーな味わいに。ミニトマトを赤や黄色などカラフルにすると、より可愛く仕上がります。

八月　晩

しとやかな枝豆と山椒の冷製スープ

材料〔スープカップ２人分〕

・枝豆…さや入り２００g
（豆のみ約１００g）
・玉ねぎ…⅙個（約40g）
・オリーブ油…大さじ½
・水…２００㎖
・無調整豆乳…50㎖
・レモンバームまたはミント…適量
・山椒（パウダー）…２〜３振り
・塩…小さじ¼弱

下準備

・枝豆はよく洗い、ボウルに入れる。塩少々（分量外）を加え全体に揉み込み、水洗いをする。鍋にたっぷりの湯（分量外）を沸かし、塩（分量外）を加えて茹でる。ザルにあげ、粗熱を取り、さやから豆を取り出す。
・玉ねぎは皮をむき、薄切りにする。レモンバームは細かく刻んでおく。

作り方

I　鍋にオリーブ油を引き、玉ねぎを入れて弱めの中火で炒める。塩少々（分量外）を入れ、玉ねぎがしんなりするまで炒める。水を入れ、強めの中火にかける。

II　一煮立ちしたら火を止める。ミキサーにIと塩茹でした枝豆を入れ、なめらかになるまで攪拌する。

III　ボウルにIIを移し、無調整豆乳を加えて混ぜ合わせる。冷蔵庫に入れ１〜２時間冷やす。刻んだレモンバーム、山椒を入れ、塩で味を調える。スープカップに注ぐ。

memo

・ちょうどよい塩加減になるよう、冷やした状態で味見をしながら塩を加えてください。

夏の晩に窓を開け、夜風を感じながら飲みたくなるような爽やかな枝豆の冷製スープ。枝豆は塩で揉み洗いをし、塩茹でることで、より甘みが引き立ちます。レモンバーム、山椒を入れ、後味をすっきりと。レモンバームはミントに代えても美味しく召し上がれます。

九月　早朝

秋風薫る桂《ケイ》花《カ》醤《ジャン》＊ティー

材料（約コップ1杯分）

・スパイス桂花醤…大さじ1弱
・アールグレイティー（ティーバッグ）…1パック
　湯…180mℓ

◎スパイス桂花醤（作りやすい分量）

・金木犀の花…大さじ2（約12g）
・はちみつ…150g

A
・八角（ホール）…2個
・オールスパイス（ホール）…5〜7粒
・クローブ（ホール）…2粒

作り方

◎スパイス桂花醤を作る

・ジャム瓶は煮沸消毒をして、しっかりと乾燥させておく。

i　金木犀の花はゴミなどを取り、水洗いする。がくと軸を取り除く。鍋に湯（分量外）を沸かし、金木犀の花を入れ、さっと湯がく。ザルにあげて、冷水に浸す。キッチンペーパーで水分をよく拭き取り、乾燥させる。

ii　ジャム瓶にi、A、はちみつの順に入れ、蓋をする。全体が混ざるように、瓶を傾けながら回す。

iii　常温におき、1〜2日漬ける。

作り方

I　湯を沸かし、アールグレイティーを淹れる。

II　コップにアールグレイティーを注ぎ、スパイス桂花醤を加える。スプーンで混ぜ合わせる。

memo

・金木犀は湯がいた後、しっかりと水気を拭き取ってから使用してください。

＊金木犀の花を煮詰めて作るシロップのこと

金木犀の香りが漂うと秋の訪れを感じます。うっとりしているうちに、金木犀が開花している時期はあっという間に過ぎていきます。季節の一場面を切り抜いたような、秋の香りをそのまま閉じ込めたスパイス桂花醤。ぜひ、楽しんでみてください。

九月　昼

爽快な和梨とカボスのソルベスカッシュ

和梨をすりおろし、冷凍してソルベにすると、生の梨とはまた違った食感や味わいが楽しめます。カボスの代わりにレモンやシークワーサーなどの柑橘類でアレンジしても。アルコールが苦手な方やお子さんが飲む場合は、ホワイトラムを入れなくても美味しく召し上がれます。

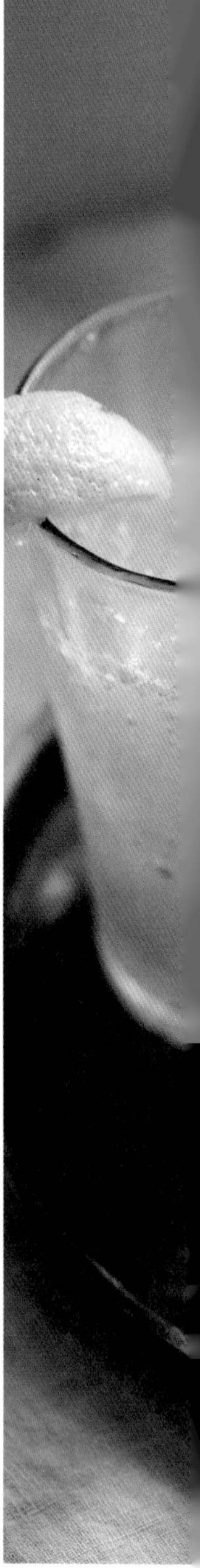

材料〔コップ1杯分〕

・和梨とカボスのソルベ…約60g
・炭酸水…80mℓ

◎和梨とカボスのソルベ〔コップ2杯分〕

・和梨…1個
・きび糖…30g
・ホワイトラム…小さじ2
・カボス…½個
・カルダモン（パウダー）…2振り

トッピング

・カボス、オレガノ、タイム…適宜

memo

・ホワイトラムはアルコール度数が高く、加熱する際、炎が出やすいので火加減に気をつけてください。

作り方

◎和梨とカボスのソルベを作る

i　和梨はよく洗い、4等分に切り、皮をむく。芯を取り除いて、すりおろす。

ii　鍋にiときび糖、ホワイトラムを入れ、弱めの中火で煮る。アルコールを飛ばし、木べらで一文字がかける程度までとろみがついたら、火を止める。粗熱を取り、カボスを絞り、カルダモンを加え混ぜ合わせる。

iii　ジップ付きの袋に移し、冷凍庫に約半日入れて、冷やし固める。

飲み方

I　和梨とカボスのソルベを冷凍庫から取り出し、ジップ付きの袋に入ったまま手で揉みほぐす。コップに入れる。

II　炭酸水を注ぎ、マドラーで混ぜ合わせる。カボス、オレガノ、タイムを添える。

九月　日暮れ

長閑な日の手作りジンジャーエール

材料〔コップ1杯分〕

・ジンジャーシロップ…大さじ4
・炭酸水…約100mℓ
・レモン…1/8個

◎ジンジャーシロップ〔作りやすい分量〕

・新生姜…300g
・きび糖…150g
・水…150mℓ

A
・シナモン（ホール）…1/2本
・カルダモン（ホール）…5粒
・コリアンダー（ホール）…15粒
・ピンクペッパー（ホール）…3〜5粒
・レモングラス…約2本

作り方

◎ジンジャーシロップを作る

・シナモンは半分に割り、カルダモンは包丁で切れ目を入れておく。

i 新生姜はよく洗って、水気を拭き、皮ごと薄切りにする。

ii 鍋にiとAを入れ、中火にかける。きび糖を溶かし、ふつふつしてきたら弱めの中火にし、20〜30分煮る。火を止め、しっかりと粗熱を取る。

iii ボウルの上にザルをおき、その上に濡らしたさらしをおいて、iiを漉す。手で絞れる熱さになったら、材料をさらしで包み、軽く絞る。

飲み方

I コップにジンジャーシロップを入れ、炭酸水を注ぎ、レモンを絞る。マドラーで混ぜ合わせる。

好きなスパイスで味を調整できるのが、手作りジンジャーエールの醍醐味。シナモンの量を増やすと深みのある甘さ、カルダモンの量を増やすと爽やかな風味に仕上がります。ピリッとした辛さがお好みの方は、種を取り除いた唐辛子を加えても。色々な味わいを楽しんで。

何種類ものスパイスを組み合わせると、より複雑な香りや味わいが楽しめる。

きつく絞ると苦みが出てしまうので、やさしく絞る。

九月　晩

羽休めのぶどうウーロンティー

材料（ピッチャー（750㎖）1個分）

・巨峰（種なし）…½房（約200g）

A
・きび糖…20g
・ジュニパーベリー（ホール）…5粒
・八角（ホール）…2個
・クローブ（ホール）…3粒

・黒烏龍茶（水出し用ティーバック）…2パック
水…600㎖

・レモンバーベナ…2本

下準備

・巨峰は皮をむく。
・レモンバーベナはよく洗って、水気を拭き取る。
・黒烏龍茶は1～2時間水出しして、冷蔵庫に入れ冷やしておく。

作り方

I　ボウルに皮をむいた巨峰、Aを入れて混ぜ合わせる。ラップをして、冷蔵庫に入れ一晩漬けておく。

II　ピッチャーにレモンバーベナ、Iを入れ、黒烏龍茶を注ぐ。1～2時間冷蔵庫に入れ、味を馴染ませる。コップに注ぐ。

暑さが残る九月の夜。ぶどうの甘みと、すっきりとした黒烏龍茶を合わせた一杯です。八角やクローブの独特な香りがぶどうの甘みをより引き立たせてくれます。レモンバーベナはレモングラスやレモンバームに代えても。夏の終わりに身体を癒してくれます。

スパイスのこと

料理にスパイスを加えると、
味わいが深くなったり、すっきりしたりと、味にアクセントがつきます。
スパイスは味の底上げをしてくれるものであり、
砂糖や塩を入れすぎなくても、素材の味を引き上げてくれます。

料理の深みや甘みを広げたいときはシナモン、クローブ、
すっきりとした味に仕上げたいときはカルダモンを加えます。
どんな味わいの料理が食べたいか、どんな気分で飲みたいか。
その感覚とスパイスを結びつけておくと、
スパイスとも仲良くなれるように感じています。

以前、スパイスメーカーで商品開発に携わっていました。
企業向けの商品を開発し、時にはこんな商品があると良いなと思うものを、
仕事の合間に作らせてもらいました。

日々試作を重ねる中で、それぞれのスパイスの特徴や相性を掴み、
美味しいと感じる絶妙なバランスに気づくことが面白く、夢中になっていました。

巻末にてこの本に使用したスパイスを、

「深みのある甘いスパイス」「軽くて甘いスパイス」「すっきりとした爽やかなスパイス」

の三つの味わいに分けて紹介しています（１４８〜１５１ページ）。

ぜひ、参考にしていただければ幸いです。

スパイスは、種類も多く、なんだか難しそう。
おしゃれな料理に使うものだから……。
スパイスの話をすると、そんな声を聞くことがあります。
私自身もこの仕事を始めた頃は、スパイスがずらりと並ぶ棚を見て、
気分が高まると同時に頭の中には〝はてな〟がいっぱい浮かんでいました。
なので、最初はきっとそんなもの。
まずは、お気に入りのスパイスを見つけるところから、
楽しんでみてください。

十月　早朝

穏やかな日の和栗のココア

材料〔コップ1杯分〕

・和栗ペースト…大さじ2
・ココアパウダー…大さじ1（約7g）
　└湯…大さじ2
・きび糖…小さじ1〜2
・牛乳…160㎖
・バニラビーンズ（さや）…½本分
・シナモン（パウダー）…1〜2振り
・クローブ（パウダー）…1振り

◎和栗ペースト〔作りやすい分量〕

・和栗…約250g（鬼皮付き約500g）
・きび糖…50g
・バニラビーンズ（シード）…½本分

作り方

◎和栗ペーストを作る

・バニラビーンズはさやの片方をはさみで切り、包丁で縦に切れ目を入れ、こそぐようにしてシードを取り出す。

i　和栗は水でよく洗い、ボウルに水を張って1〜2時間漬けておく。

ii　蒸し器に和栗を入れて、約50分蒸す。粗熱を取り、鬼皮と渋皮をむく。粗めに刻み、フードプロセッサーに入れ、なめらかになるまで攪拌する。

iii　iiをボウルに入れ、きび糖、バニラビーンズのシードを加え、混ぜ合わせる。

飲み方

I　小さめの器にココアパウダーを入れ、湯で溶きのばす。和栗ペースト、きび糖を加え混ぜ合わせる。

II　鍋に牛乳、バニラビーンズのさやを入れ、沸騰する直前まで温める。バニラビーンズのさやを取り出す。

III　IIにIを加える。シナモン、クローブを入れる。コップに注ぐ。

子供の頃に、母方の祖母の畑で大きな長靴を履き、イガを踏みながら栗を採ったことも、この季節の懐かしい思い出です。甘さ控えめのお手製の和栗ペーストは、お菓子のクリームや料理のソースにも使える万能アイテム。ココアやミルクティーともよく合います。

十月　昼

秋晴れのかぼちゃとシナモンのポタージュ

材料〔スープ皿2人分〕

・かぼちゃ…¼個
（皮をむいて350g）
・玉ねぎ…¼個
・オリーブ油…小さじ2
・ターメリック（パウダー）
…小さじ½
・水…450mℓ
・牛乳…大さじ2
・きび糖…少々
・シナモン（パウダー）…1振り
・塩…1〜3つまみ

トッピング

・松の実…適宜

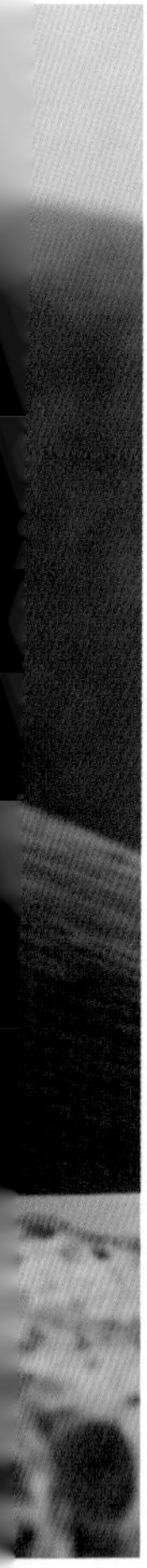

下準備

・玉ねぎは皮をむき、薄切りにする。かぼちゃは皮をむき、一口大に切る。

作り方

I　鍋にオリーブ油を引き、玉ねぎを入れて弱めの中火で炒める。塩少々（分量外）を入れ、玉ねぎがしんなりするまで炒め、ターメリックを加えてさらによく炒める。かぼちゃを加えて油を馴染ませるように炒める。水を入れ、強めの中火にかける。

II　ふつふつしてきたら弱めの中火にし、かぼちゃが柔らかくなるまで煮る。途中アクを取り除く。火を止め、お玉の背でかぼちゃを軽くつぶす。

III　牛乳、きび糖を加えて温める。火を止め、シナモンを入れ、塩で味を調える。スープ皿に注ぎ、松の実をのせる。

かぼちゃのごろっとした食感を楽しむポタージュです。かぼちゃはひたひたの水で茹でることで、ほっくりと甘く仕上がります。水分が減ったときは突沸しないよう、水または湯を足してください。きび糖をほんの少し加えると、全体の味がまとまります。バケットを添えれば満足感のある一皿に。

十月　日暮れ

熟した柿の濃厚ポタージュ

材料〔スープカップ2人分〕

・柿…2個
・玉ねぎ…1/6個
・人参…1/4本
・じゃが芋…小1個（約60g）
・オリーブ油…大さじ1/2
・米…大さじ1
・白ワイン…大さじ1
・ブランデー…小さじ2
・水…400ml
・きび糖…1〜2つまみ
・塩…少々

トッピング

・クローブ（パウダー）…1振り

memo

・米は生の米を洗わずに入れてください。ポタージュにとろみがつきます。

下準備

・玉ねぎ、人参、じゃが芋は皮をむき、薄切りにする。じゃが芋は水にさらし、ザルにあげる。
・柿は皮をむき、一口大に切る。

作り方

I　鍋にオリーブ油を引き、玉ねぎを入れて弱めの中火で炒める。塩少々（分量外）を入れ、玉ねぎがしんなりするまで炒め、人参、じゃが芋、米を加えて油が馴染むように炒める。白ワイン、ブランデーを加え、アルコールを飛ばす。水を入れ、強めの中火にかける。

II　ふつふつしてきたら弱めの中火にし、人参、じゃが芋が柔らかくなるまで約20分煮る。柿を加え、全体を馴染ませ、火を止める。ミキサーに入れ、なめらかになるまで撹拌する。

III　鍋にIIを戻し、きび糖、塩で味を調える。スープカップに注ぎ、クローブをかける。

澄んだ青空の下、ぐんと伸びた木に実る橙色の柿。「秋だなあ」と感じる好きな光景の一つです。柿のポタージュは、ほんのり甘く、やさしい味わい。じゃが芋を加えることで全体のバランスも良くなります。熟した柿を使えば、より濃厚なポタージュに。

十月　晩

月夜の洋梨コンポートティー

本を読んだり、映画を観たり、書き物をしたり。ひとり時間を楽しむ秋の宵。深みのあるダージリンティーとやさしい甘みの洋梨のコンポートがよく合います。コンポートは白ワインやカルダモン、コリアンダーを入れ、口当たり爽やかに仕上げています。

材料〔コップ1杯分〕

・洋梨のコンポート…¼個
・洋梨のコンポートのシロップ
…大さじ2
・ダージリンティー（ティーバック）
…1パック
湯…120mℓ

◎洋梨のコンポート〔作りやすい分量〕

・洋梨…2個

A
・白ワイン…300mℓ
・水…200mℓ
・きび糖…60g
・カルダモン（ホール）…3〜5粒
・コリアンダー（ホール）…10〜15粒

作り方

◎洋梨のコンポートを作る

・　カルダモンは包丁で切れ目を入れておく。

i　洋梨はよく洗い、水気を拭き取る。皮ごと4等分に切り、芯を取り除く。

ii　鍋に**A**を入れ、強めの中火にかける。一煮立ちしたら、2〜3分火にかけアルコールを飛ばし、一度火を止める。**i**を入れ、落し蓋をして火にかけ、ふつふつしてきたら弱火にし、約30分煮込む。粗熱を取る。

iii　保存容器に移し、冷蔵庫に入れ一晩おき、味を染み込ませる。

飲み方

I　洋梨のコンポートは皮を包丁でむき、一口大よりやや小さめに切る。

II　湯を沸かし、ダージリンティーを淹れる。

III　コップに**I**、洋梨のコンポートのシロップを入れ、ダージリンティーを注ぐ。スプーンで混ぜ合わせる。

十一月　早朝

とろけるフェンネルと里芋のポタージュ

材料（スープカップ2人分）

・里芋…6個
・長ねぎ（白い部分）…½本
・オリーブ油…大さじ½
・アニス（ホール）…小さじ⅛
・フェンネル（ホール）…小さじ⅙
・水…450㎖
・みりん…小さじ1
・白だし…小さじ2
・無調整豆乳…80㎖
・バター…5g
・塩…1～2つまみ

トッピング

・長ねぎ（青い部分）…適宜

下準備

・里芋はよく洗い、皮をむく。ボウルに里芋を入れ、塩（分量外）を加え軽く揉むようにして、水洗いをする。ザルにあげ、一口大に切る。
・長ねぎは白い部分を斜め薄切りにし、トッピングの青い部分は小口切りにする。

作り方

I　鍋にオリーブ油を引き、アニス、フェンネルを入れて弱火にかける。小さな気泡が出てきたら、長ねぎの白い部分を入れて弱めの中火で炒める。長ねぎがしんなりするまで炒め、里芋を加えて油が馴染むように炒める。水、みりんを入れ、強めの中火にかける。

II　ふつふつしてきたら弱めの中火にし、里芋が柔らかくなるまで30～40分煮る。途中アクを取り除く。白だしを加える。ミキサーに入れ、なめらかになるまで撹拌する。

III　鍋にIIを戻し、無調整豆乳を加えて温める。バターを入れ、塩で味を調える。スープカップに注ぎ、長ねぎの青い部分を添える。

秋になると農家を営む母の友人から里芋をいただきます。太陽の光、大地の恵み、農家さんの愛情を受けた里芋は、甘みがぎゅっと詰まった絶品です。里芋は皮をむいた後、塩を揉み込むようにして洗います。程よい粘り気が、ポタージュにとろみをつけてくれます。

十一月　昼

心ときめく柘榴《ざくろ》のホットビネガー

材料〔コップ1杯分〕

・柘榴シロップ…大さじ4
・湯…100mℓ

◎柘榴シロップ〔作りやすい分量〕

・柘榴…2個（果肉のみ約200g）
・きび糖…40g

A
・リンゴ酢…130g
・白ワイン…120g
・きび糖…40g
・はちみつ…大さじ2
・オールスパイス（ホール）…5〜7粒
・クローブ（ホール）…2粒

作り方

◎柘榴シロップを作る

・柘榴はよく洗い、包丁で先端を切り落とす。4〜5か所縦に軽く切り込みを入れて、手で割く。ボウルに水を張り、割いた柘榴を入れて果肉をほぐし、水気を拭き取る。

i　ボウルに柘榴の果肉、きび糖を入れて混ぜ合わせる。ラップをして、冷蔵庫に入れ一晩漬けておく。

ii　鍋にAを入れ、中火にかける。一煮立ちしたら、1〜2分中火にかけアルコールを飛ばす。粗熱を取る。

iii　iにiiを入れ、混ぜ合わせる。

作り方

I　コップに柘榴シロップを入れ、湯を注ぐ。マドラーで混ぜ合わせる。

柘榴って宝石みたいで可愛いな、と使うたびに思います。料理を色鮮やかに仕上げてくれる、心ときめく食材のひとつです。「女性の果実」とも呼ばれる柘榴はビタミンCやミネラルが豊富。リンゴ酢と一緒に漬けたドリンクは、身体を内側から綺麗にしてくれます。

十一月　おやつ

ほっくり甘い焼き芋甘酒

材料（コップ1杯分）

・焼き芋ペースト…約75g
・無調整豆乳…80〜100㎖
・きび糖…小さじ1
・オールスパイス（パウダー）…1〜2振り

◎焼き芋ペースト（約コップ4杯分）

・さつま芋…1本（約300g）
・甘酒…大さじ6

作り方

◎焼き芋ペーストを作る

・オーブンは230℃に予熱する。

i　さつま芋は皮をよく洗い、濡らしたキッチンペーパーで包み、その上からアルミホイルを巻く。天板にのせる。

ii　230℃に予熱したオーブンにiを入れ、約1時間加熱する。アルミホイルを外し、粗熱を取る。皮をむき、一口大に切る。

iii　ii、甘酒をフードプロセッサーに入れ、なめらかになるまで撹拌する。

飲み方

I　鍋に無調整豆乳、きび糖を入れて弱火にかけ、きび糖を溶かす。

II　全体が温まってきたら火を止め、オールスパイスを入れる。

III　コップに焼き芋ペーストを入れ、IIを注ぐ。

memo

・焼き芋をアルミホイルから外すときは、熱いのでミトンなどを使いましょう。
・さつま芋の水分量に合わせて、甘酒の量を調整してください。
・無調整豆乳を温める際は、加熱しすぎないように気をつけてください。

最近では枯葉を集めて外で焼き芋をする光景をあまり見なくなりましたが、家の中では変わらず秋の味覚を楽しみたいもの。オーブンから取り出したさつま芋はアルミホイルを外し、布巾に包んで蒸らすとより甘くなります。スプーンで焼き芋ペーストを溶かしながら、お召し上がりください。

十一月　日暮れ

思いやりのかりんとメースのルイボスティー

材料〔コップ1杯分〕
・かりんシロップ…小さじ2
・ルイボスティーのティーバック…1パック
　湯…150mℓ

◎かりんシロップ〔作りやすい分量〕
・かりん…1個（400〜500g）
・水…1000mℓ
A
・グラニュー糖…100g
・メース（ホール）…1〜2個
・シナモン（ホール）…1本
・クローブ（ホール）…2粒
・きび糖…200g

作り方
◎かりんシロップを作る
i　かりんはよく洗い、4等分に切り、種を取り除く。皮ごと薄切りにする。
ii　鍋にiとAを入れ、強めの中火にかけ、ふつふつしてきたら弱火にし、煮汁が赤色に染まるまで約1時間半煮る。ボウルの上にザルをおいて濾す。
iii　鍋にiiの漉した液を戻し、きび糖を加えて中火にかける。きび糖が溶け、とろみがついてきたら火を止める。

かりんを煮込んでいくと、煮汁がロゼ色から赤色に。

飲み方
I　湯を沸かし、ルイボスティーを淹れる。
II　コップにルイボスティーを注ぎ、かりんシロップを入れる。マドラーで混ぜ合わせる。

memo
・かりんは硬いので、気をつけて包丁を入れてください。安定した位置で切るようにしましょう。

かりんシロップは風邪知らず、と我が家では言われていました。空気が乾燥する冬は、喉にやさしいかりんシロップの出番。煮込むと作り始めには想像できないような鮮やかな赤色になります。シロップは冷めるとはちみつ状に固まってしまうので、煮詰めすぎには気をつけてください。

十一月　晩

バニラ香る焼き林檎ティー

材料〔コップ1杯分〕

・焼き林檎シロップ…大さじ2（約50g）

・アールグレイティー（ティーバッグ）…1パック

湯…150㎖

◎焼き林檎シロップ（コップ約4杯分）

・林檎…1個（紅玉を使うと色鮮やかに仕上がる）

・バニラビーンズ…1本

A
・きび糖…50g
・ラム酒…大さじ3

・シナモン（ホール）…1本

作り方

◎焼き林檎シロップを作る

・シナモンは半分に割っておく。

・オーブンは230℃に予熱する。

i　林檎はよく洗い、皮ごと8等分に切る。芯を取り除き、一口大に切る。バニラビーンズはさやの片方をはさみで切り、包丁で縦に切れ目を入れ、こそぐようにしてシードを取り出す。

ii　ボウルにiの林檎、バニラビーンズのさやとシード、Aを入れ、混ぜ合わせる。アルミホイルを約50㎝広げ、端を立ち上げ、ボウルの中身を移し入れ、しっかりと包む。

iii　耐熱容器の上にアルミホイルを敷き、iiをおく。天板にのせ、230℃に予熱したオーブンに入れ、約1時間加熱する。オーブンから取り出し、粗熱を取る。

飲み方

I　湯を沸かし、アールグレイティーを淹れる。

II　コップに焼き林檎シロップを入れ、アールグレイティーを注ぐ。スプーンで混ぜ合わせる。

memo

・林檎を焼くときは、林檎から水分が出やすいので、アルミホイルでしっかりと包み、耐熱容器にのせ、オーブンに入れてください。深めの耐熱容器（1人用のグラタン皿など）が使いやすいです。
・アルミホイルから焼き林檎を取り出す際、熱いのでミトンなどを使いましょう。

冬が近づき、だんだんと夜の時間も長くなる季節。夕食後は芳醇な香りが漂う紅茶で、ほっとひと息つきたいところ。林檎を砂糖とスパイス、ラム酒と一緒に漬けてオーブンで焼くと、部屋の中がふんわりと甘い香りで包まれます。付け合わせにはチーズやオリーブがよく合います。

十二月　早朝

霜降る朝の焼きみかんジュース

材料〔コップ1杯分〕

・みかん…2個
・カルダモン（パウダー）…2振り
・シナモン（パウダー）…1振り

作り方

I　みかんはよく洗い、水気を拭き取る。トースターまたは魚焼きグリルにみかんを入れ、皮の両面にしっかりと焦げ色がつくまで焼く。魚焼きグリルの場合は中火で加熱する。粗熱を取る。

II　皮をむき小房に分け、ミキサーに入れ、なめらかになるまで撹拌する。カルダモン、シナモンを入れ、再び撹拌する。コップに注ぐ。

我が家では、焼きみかんは冬の定番。ストーブでみかんを焼き始めると、ふんわりと香ばしい匂いに包まれます。魚焼きグリルやトースターでしっかりと焦げ目がつくぐらい焼くことで、みかんの甘みが出て、砂糖要らずの甘いジュースに仕上がります。

十二月　昼

賑わいのキウイと月桂樹*のサイダー

*ローレルの和名

材料（コップ1杯分）

・キウイシロップ
…レードル1杯弱（約60㎖）
・炭酸水…120㎖

◎キウイシロップ（作りやすい分量）

・キウイ（ゴールデン）…2個
・キウイ（グリーン）…1個
・氷砂糖…100g
・水…200㎖
・ローレル…1～2枚
・カルダモン（ホール）…3粒
・レモン果汁
…大さじ1（レモン¼個分）

トッピング

・チャービル…適量

作り方

◎キウイシロップを作る

・カルダモンは包丁で切れ目を入れておく。

i キウイはよく洗い、皮をむき、いちょう切りにする。ボウルに入れておく。

ii 鍋に氷砂糖、水を入れ、弱めの中火にかけ、氷砂糖をゆっくりと溶かす。氷砂糖がすべて溶けたら、ローレル、カルダモンを入れ、火を止め、レモン果汁を加える。ボウルに移し、氷水に当て粗熱を取る。

iii iにiiを入れる。冷蔵庫に入れて冷やす。

作り方

I コップにキウイシロップを入れ、炭酸水を注ぐ。マドラーで混ぜ合わせ、チャービルを添える。

memo

・シロップはしっかりと冷ましてから、キウイと合わせてください。

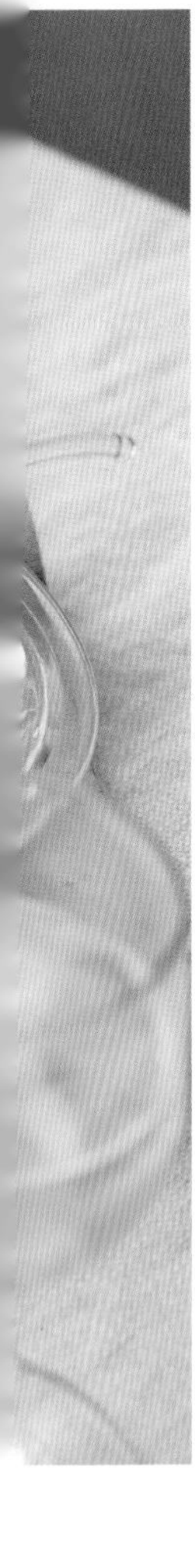

お酒が苦手な方も、お子さんも、みんなで楽しめるフルーツサイダーです。キウイはゴールデンとグリーンの二種を使い、見た目も爽やかに。パーティーのときは、深めのガラスの器に入れ、フルーツポンチのようにしてテーブルに出すと華やかになります。

十二月　おやつ

くつろぎのチャイミルクティー

自分好みの味わいを楽しめるお手製のチャイミルクティー。美味しく作るコツは、スパイスの香りをしっかり煮出すこと、また牛乳が沸騰する前に火を止めることです。師走のおやつ時間やちょっとした息抜きに。まずは、お手持ちのスパイスで作ってみても。

材料（コップ2杯分）

・アッサム（茶葉）…大さじ2（12g）

A
・水…300mℓ
・シナモン（ホール）…1本
・カルダモン（ホール）…3粒
・クローブ（ホール）…2粒
・八角（ホール）…1個
・コリアンダー（ホール）…5粒
・オールスパイス（ホール）…5〜7粒
・ピンクペッパー（ホール）…5粒

・きび糖…20〜30g
・牛乳…250mℓ

作り方

・シナモンは半分に割り、カルダモンは包丁で切れ目を入れておく。

I 鍋にAを入れ、中火にかける。ふつふつしてきたら弱めの中火にし、約10分スパイスの香りを煮出す。

II アッサムの茶葉を入れ、弱火にして約1分半煮出す。ボウルの上にザルをおいて漉す。

III 鍋にIIの漉した液を戻し、きび糖、牛乳を加えて弱火にかける。きび糖が溶け、全体が温まったら火を止める。コップに注ぐ。

スパイスを弱火で煮出し、香りを移していく。

memo

・スパイスや茶葉を煮出す際、煮詰まり過ぎてしまった場合は、湯を足してください。

十二月　日暮れ

聖夜の蕪とセロリシードのポタージュ

薄緑色のポタージュに、ピンクペッパー、ディルを添え、クリスマスディナーを彩るような一品に。ポタージュを作った後に、ソテーした帆立貝柱を合わせれば、蕪のやさしい甘みをより引き立ててくれます。香味野菜に似た風味のセロリシードを加えることで、味全体にアクセントがつきます。

材料（スープ皿2人分）

- ・蕪…中3個（約300g）
- ・長ねぎ…½本（青い部分も約50g入れる）
- ・オリーブ油…大さじ½
- ・セロリシード（ホール）…小さじ⅙
- ・水…350㎖
- ・ローレル…1枚
- A
  - ・牛乳…80㎖
  - ・生クリーム…大さじ2
  - ・粉チーズ…大さじ1
- ・バター…15g
- ・塩…少々

トッピング

◎帆立貝柱のソテー

- ・帆立貝柱（刺身用）…6個
  - バター…10g
  - 米油またはサラダ油…大さじ1と½
- ・ピンクペッパー（ホール）…適宜
- ・ディル…適宜

下準備

- ・蕪は葉の付け根部分を落とし、皮をむき、一口大に切る。長ねぎは斜め薄切りにする。
- ・帆立貝柱は調理をする少し前に冷蔵庫から取り出し、塩少々（分量外）を振り、水分を拭き取る。

作り方

I　鍋にオリーブ油を引き、長ねぎ、セロリシードを入れて弱火で炒める。長ねぎがしんなりするまで炒め、蕪を加えて油が馴染むように炒める。水、ローレルを入れ、強めの中火にかける。

II　ふつふつしてきたら、弱めの中火にし、蕪が柔らかくなるまで約30分煮る。途中アクを取り除く。ローレルを取り出し、ミキサーに入れ、なめらかになるまで撹拌する。

III　鍋にIIを戻し、Aを加えて温める。バターを入れ、塩で味を調える。スープ皿に注ぎ、帆立貝柱のソテーをのせ、ピンクペッパー、ディルを添える。

◎帆立貝柱のソテーを作る

i　小さめのフライパンにバター、米油を入れて火にかける。バターが溶けて小さな泡が消えてきたら、下準備した帆立貝柱を入れる。

ii　帆立貝柱は厚み⅔程度までうっすらと色が変わったら、裏返す。

iii　裏返した帆立貝柱の表面に溶けたバターをスプーンでかけながら、同じく色が変わるまで焼く。

十二月　晩

オレンジ香る サングリア風 ドリンク

特別な日のディナーに添えたいお手製のサングリア風ドリンクです。オレンジやレモン、スパイスを合わせて、爽やかな味と香りを楽しんで。林檎やぶどうを入れても美味しく仕上がります。食後のデザートには濃厚なチーズケーキと合わせ、ゆったりとしたひとときを。

材料〔コップ1杯分〕
・サングリア風シロップ…レードル1杯強（約80㎖）
・湯…70㎖

◎サングリア風シロップ
〔作りやすい分量〕
・オレンジ…½個
・レモン…½個

・赤ワイン…３００㎖
・白ワイン…１００㎖
・きび糖…40g
・はちみつ…大さじ1

A
・シナモン（ホール）…1〜2本
・クローブ（ホール）…2〜3粒
・カルダモン（ホール）…2粒
・コリアンダー（ホール）…7粒
・ピンクペッパー（ホール）…7粒

作り方

◎サングリア風シロップを作る

i　オレンジとレモンはよく洗い、皮ごと半分に切る。それぞれを、さらに3等分にし、薄切りにしてボウルに入れる。

ii　鍋にAを入れ、強めの中火にかける。一煮立ちしたら、2〜3分火にかけアルコールを飛ばし、火を止める。

iii　iにiiを注ぎ入れる。

飲み方

I　サングリア風シロップをコップに入れ、湯を注ぐ。マドラーで混ぜ合わせる。

一月　早朝

凛としたハーブグリーンティー

材料〔ティーポット1個分〕

・緑茶（ティーバック）…1パック
　湯…300〜400mℓ
・陳皮…適量

A
・タイム…1〜2本
・ローズマリー…1〜2本
・レモングラス…1〜2本
・クローブ（ホール）…2〜3粒
・カルダモン（ホール）…2〜3粒
・生姜…約½片

◎陳皮〔作りやすい分量〕

・みかんの皮…みかん2個分

memo

・緑茶に注ぐ湯は60〜65℃が適温です。スパイスやハーブの香りを楽しめるように湯の量を多くし、薄めに緑茶を淹れています。
・緑茶を茶葉で淹れる場合は、3g程度を目安にしてください。

下準備

◎陳皮を作る

・オーブンは100℃に予熱する。
i　みかんはよく洗い、皮をむく。皮は白い綿の部分を包丁でこそげ取り、一晩水にさらす。
ii　iの水気を拭き取り、千切りにする。天板にオーブンシートを敷き、千切りにしたみかんの皮を並べる。
iii　100℃に予熱したオーブンにiiを入れ、約15分加熱する。

作り方

I　生姜はよく洗い、皮ごと薄切りにする。
II　湯を沸かし、ティーポットに緑茶を淹れる。
III　IIにAを入れ、1〜2分蒸らす。コップに注ぐ。

七草粥をイメージして、スパイスやハーブを組み合わせて作ったハーブティーです。自家製の陳皮はオーブンで簡単に作れます。緑茶とハーブのすっきりした香りと、クローブのほのかに甘い香りが、新しい一年を迎え凛とした気持ちにさせてくれます。

一月 昼

清めの根菜とナッツメッグのポタージュ

食物繊維がたっぷりのごぼうや蓮根には、お腹の中を綺麗にしてくれる作用があります。つい食べ過ぎてしまうこの時季におすすめのデトックスポタージュです。香ばしいごま油の香りと、白だしのやさしい味わいが全体をまとめ、まろやかに仕上げてくれます。

材料〔スープ皿2人分〕
・ごぼう…120g
・蓮根…150g
・長ねぎ…1/3本分
・米油またはサラダ油…大さじ1/2
・水…500ml
・みりん…小さじ1
・白だし…大さじ1
・無調整豆乳…100ml
・ごま油…小さじ1
・塩…1〜2つまみ
・ブラックペッパー…少々

トッピング
◎揚げ焼き蓮根
・蓮根…適宜
「米油またはサラダ油…適宜
・ナツメッグ（パウダー）…1〜2振り

下準備
・ごぼうはよく洗い、皮を包丁の背でこそぐようにむき、薄切りにする。蓮根は皮をむき、一口大に切る。それぞれ水にさらし、ザルにあげ、水気を拭き取っておく。長ねぎは斜め薄切りにする。

◎揚げ焼き蓮根を作る
i 蓮根は皮をむき、薄切りにする。水にさらし、よく水気を拭き取る。
ii フライパンに米油を鍋底から1〜2cm程度入れ、中火にかける。菜箸を入れ、箸先に細かい泡がついてきたら、蓮根を入れて揚げ焼きにする。塩少々（分量外）を振っておく。

作り方
I 鍋に米油を引き、長ねぎを入れて弱火で炒める。長ねぎがしんなりするまで炒め、ごぼう、蓮根を加えて油が馴染むように炒める。水、みりんを入れ、強めの中火にかける。
II ふつふつしてきたら弱めの中火にし、ごぼう、蓮根が柔らかくなるまで30〜40分煮る。途中アクを取り除く。白だしを加える。ミキサーに入れ、なめらかになるまで攪拌する。
III IIを鍋に戻し、無調整豆乳を加えて温める。ごま油を回し入れる。塩、ブラックペッパーで味を調える。スープ皿に注ぎ、揚げ焼きにした蓮根を添え、ナツメッグを振る。

memo
・菜箸で油の温度を確認する際は、木製のものを使用しましょう。菜箸は一度水にぬらし、しっかりと水気を拭き取ってから油の中に入れてください。
・ごぼう、蓮根は水分をしっかり拭き取ることで、油はねもなく、炒めやすくなります。

一月　日暮れ

心和む小豆茶ラテ

材料〔コップ2杯分〕

・小豆…50g

A
・水…500mℓ
・きび糖…30g
・オールスパイス（ホール）…5粒
・クローブ（ホール）…2粒

・牛乳…200mℓ

女正月（一月十五日）は年末年始にお正月の準備をしたり、御節をふるまったりと、家族のために励んできた女性たちの休息日。実家では毎年炬燵に入りながら、お餅を入れた小豆粥を食べていました。豆乳入りの小豆茶ラテは身体を温めて、癒してくれます。

下準備

・小豆はよく洗い、水気を拭き取っておく。
・オーブンは200℃に予熱する。

作り方

I　天板にオーブンシートを敷き、下準備した小豆を並べる。200℃に予熱したオーブンに入れ、15分加熱する。

II　鍋にIとAを入れ、中火にかける。ふつふつしてきたら弱火にし、約30分煮る。ボウルの上にザルをおいて漉す。

III　IIの漉した液を鍋に戻し、牛乳を加えて温める。コップに注ぐ。

小豆を弱火でコトコト煮込み、
香りを煮出していく。

一月　晩

巡りゆく柚子生姜茶

材料〔コップ1杯分〕
・柚子ジャム…約40g
・湯…約120mℓ

◎柚子ジャム〔作りやすい分量〕
・柚子…4個（約500g）
・水…380mℓ
・きび糖…200g
・シナモン（ホール）…½本
・生姜…20g

作り方

◎柚子ジャムを作る

・シナモンは半分に割っておく。

・生姜はスプーンの背を使って皮を薄くむき、すりおろす。

i　柚子はよく洗い、皮ごと半分に切って果肉を取り出す。果肉は粗めに刻む。柚子の種、シナモンはお茶パックに入れる。柚子の皮はさらに半分に切り、白い綿の部分を包丁でこそげ取る。

ii（a）果肉・種

ボウルに柚子の果肉、お茶パックに入れた柚子の種とシナモン、きび糖100gを入れ混ぜ合わせる。ラップをして、冷蔵庫に入れ一晩漬けておく。

ii（b）皮

鍋にたっぷりの水（分量外）、柚子の皮を入れ火にかける。沸騰したら弱火にし約30分煮る。ザルにあげ、流水にさらす。ボウルに多めの水（分量外）と柚子の皮を入れて一晩おく。柚子の皮は水気を拭き取り、半量は千切りにし、もう半量は粗みじんに刻む。

iii　ii（a）と分量の水を鍋に入れ、火にかける。ふつふつしてきたら弱火にし、約20分煮る。柚子の種とシナモンの入ったお茶パックを取り出す。ii（b）、残りのきび糖100g、すりおろした生姜を加え、弱火にして約30分煮る。

飲み方

I　コップに柚子ジャムを入れ、湯を注ぐ。スプーンで混ぜ合わせる。

memo

・柚子の皮は茹でこぼした後に、一晩水にさらすことで、苦味が取れます。

・柚子の皮の半量を粗みじんに刻んでおくと、口に入れたときの舌触りがよくなります。

我が家ではこの季節に重宝する柚子。畑の木からもぎ取り、お風呂に浮かべたり、季節の野菜と一緒に酢の物にして食卓に並べたり。たくさん採れた柚子はジャムにすることも。甘酸っぱい柚子ジャムはホットドリンクや、肉や魚料理のソースの隠し味、ケーキなどの焼き菓子に入れても楽しめます。

スパイス&ハーブ紹介

種類が豊富なスパイス・ハーブ。
ここでは本書のレシピで使用した
スパイスとハーブを紹介します。
スパイスは私が普段使うときに意識している
三つの味わいに分類しました。
ドリンクや料理、お菓子作りの参考になれば幸いです。

深みのある甘いスパイス

濃厚な香りと甘さが特徴のスパイス。料理の味を深めてくれます。

スパイス一覧

クローブ

釘のような形が特徴の香辛料。オレンジなどの柑橘類、赤ワインと相性も良く、甘く芳醇な香りを引き立たせる。シナモンとも相性が良い。

オールスパイス

シナモン・クローブ・ナツメッグをミックスしたような深みのある香りが特徴の香辛料。ソーセージなどの加工品、ピクルス、ケーキなどに幅広く使われている。

ターメリック

秋ウコンの根茎を乾燥させた香辛料。土っぽさの中にほのかな甘い香り。料理の色付けによく使われる。牛乳との相性も良い。油と馴染ませて使うことがポイント。

八角

別名「スターアニス」。三センチ程の果実に八個の袋果が放射線状に並んでいる。独特な甘い香りと、ほのかにほろ苦さを感じる。中国料理などの煮込み料理によく使われる。

ジュニパーベリー

和名「西洋ネズ」。すっきりとしたハーバルな香りが特徴。ジンの香り付けに使用される。ザワークラフトやクリーム料理とも合う。

軽くて甘いスパイス

ほのかな甘みが特徴のスパイス。料理の味や香りに広がりをもたせてくれます。

シナモン

エキゾチックな甘い香りが特徴の香辛料。林檎やさつま芋、クッキーなどの焼き菓子やパン、また赤ワインともよく合う。

アニス

フェンネルなどと形が似ているが、スパイシーな甘い香りが特徴的。パンやケーキなどの焼き菓子、スープの香り付け、魚のブイヨンにも使用される。

陳皮

熟した温州みかんやマンダリンオレンジの果皮を乾燥した香辛料。七味唐辛子にも使われ、爽やかな柑橘系の甘い香りが特徴。紅茶や焼き菓子に入れてもよく合う。

ナツメッグ

和名「にくずく」。ナツメッグの木には杏子に似た果実がなり、その種子の部分。ほんのりした甘みとスパイシーな風味で、肉料理の臭み消しに使われる。乳製品にもよく合う。

メース

ナツメッグの種子を覆う、赤い網目状の仮種皮。ナツメッグより品のある甘い香りがする。焼き菓子やホットミルクとも相性が良い。

バニラビーンズ

さや状の果実から作られる香辛料。濃厚な甘い香りが特徴的。加熱しても香りが飛びにくいため、コンポートや焼き菓子、またアイスクリームなどに幅広く使われる。

すっきりとした爽やかなスパイス

清涼感のある香りが特徴のスパイス。味にアクセントがつき、すっきりとした後味に。

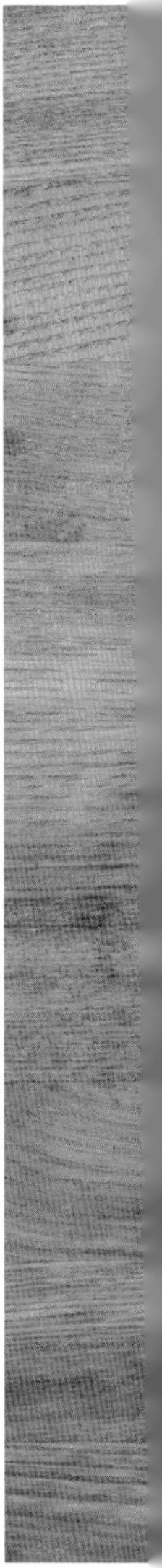

カルダモン
「香りの王様」とも呼ばれる、やさしい爽やかな香りが特徴の香辛料。柑橘類との相性が良く、肉や魚料理、ケーキなどの焼き菓子とも合う。

コリアンダー
パクチーの種子。カレー粉の主な原料の一つ。清涼感ある軽やかな甘い香りが特徴。柑橘類ともよく合う。

クミン
カレーの匂いを思わせるスパイシーな香り。スタータースパイス（料理の最初に油に香りを移すために使われる香辛料）としてよく使われる。じゃが芋やカリフラワーとも相性が良い。

フェンネル
フェンネルの種子の部分を乾燥させた香辛料。スパイシーな香りに、ほんのりとした苦味も感じる。魚料理との相性が良く、スープやカレー粉の原料にも使われる。

セロリシード
セロリの青臭さとほろ苦さを感じる香りが特徴。スープに入れると、ブイヨンを加えたような奥深い味わいに。

山椒
ピリッとしびれるような辛さと爽やかな香りが特徴。古くから和食に使われてきた。柑橘を感じる香りから、チョコレートなどの洋菓子とも相性が良い。

ピンクペッパー
コショウボクの果実を乾燥させた香辛料。鮮やかなピンク色で、胡椒のような辛みはなく、すっとしたほのかに甘酸っぱい香り。スープなどの彩りやアクセントに。

ブラックペッパー
爽やかさと辛さが混じったような香りが特徴的。肉料理と相性が良い。また味が淡白な食材に加えると、後味が引き締まる。

ジンジャー
「台所の神の申し子」と呼ばれるほど、和洋中のどの料理にも使える万能スパイス。爽やかな香りが特徴的。甘酒や炭酸水などの飲み物ともよく合う。

ハーブ一覧

ローズマリー
シソ科。清涼感のある強い香り。肉料理と相性が良い。甘酸っぱいパイナップルなどと合わせても美味しい。

ミント
シソ科。ペパーミント、スペアミントなどが一般的。スッとしたクールな香りが特徴的で、レモン水や炭酸水に入れてもよく合う。

バジル
シソ科。爽やかでほのかに甘い香り。トマト料理と相性が良い。エスニック料理にもよく使われる。

タイム
シソ科。爽やかな香りが特徴。魚料理に合う。煮込み料理に使うブーケガルニ（風味付けに用いるハーブを束ねたもの）にも。

レモンバーム
シソ科。爽やかなレモンを思わせるやさしい香り。はちみつと相性が良く、ハーブティーにしても美味しい。

オレガノ
シソ科。清涼感があり、臭み消しとしても重宝される。トマト料理や卵料理ともよく合い、ウスターソースにも用いられる。

ラベンダー
シソ科。気品あるフローラルな香り。プラムや林檎などの果物とも相性が良い。

青紫蘇・赤紫蘇
シソ科。すっきりした香りの和ハーブ。青紫蘇は薬味や料理のアクセントに。赤紫蘇は渋みや苦みがあるので梅干しやジュースに。

パセリ
セリ科。クセのない爽やかな香り。刻んでスープのトッピングに。茎はスープの出汁にも使える。

ディル
セリ科。すっきりとした香り。魚料理と相性が良い。カルパッチョやブルスケッタなどのトッピングにも。

チャービル
セリ科。繊細な姿形とマイルドなほんのり甘い香り。ケーキやデザートなどの飾り付けにもよく使われる。

フェンネル
セリ科。茎や葉はハーブ、種子はスパイスとして料理に使用される。スパイシーな香りで、スープや魚料理とよく合う。

レモングラス
イネ科。レモンのような、すっきりとした香り。エスニック料理の風味付けやハーブティーに。

レモンバーベナ
クマツヅラ科。レモンを思わせる、爽やかで柔らかな香り。デトックスウォーターに入れても美味しい。

ローレル
クスノキ科。和名「月桂樹」。清々しい柑橘類のような香り。肉や魚などの煮込み料理の臭み消しによく使われる。

よもぎ
キク科。若草のような爽やかな香り。アクが強いので茹でこぼしてから、お茶や草餅などに。

おわりに

二年という歳月を経て、旬の食材とスパイスを組み合わせた、
ドリンク・スープの本を形にすることができました。

巡りゆく季節の中で、
心と身体に寄り添ってくれる、
お気に入りの一杯に出逢えてもらえたら嬉しいです。
そして、今までよりほんの少し、
スパイスを身近に感じていただけたらと思います。

五十品のレシピには、それぞれにエピソードがあり、
食材や人との出逢いから偶然生まれたレシピもあります。
来年になれば、また違うレシピになっていたかもしれないと思うと、
一期一会のようで愛おしく感じます。

レシピを作っている最中は、今までの経験や思い出を振り返ることも多く、

懐しく、温かい気持ちになりました。
私自身、自分を見つめ直す良い機会になったと感じています。

本書を作るにあたり、
スパイスを提供してくださったエスビー食品の皆さま、
一年を通じて旬の食材を分けてくださった地元の皆さまには、
心より感謝申し上げます。

編集の平野さん、カメラマンの鈴木さん、
デザイナーの仲島さん、スタイリストのあずまさん、
毎回の撮影は充実した、楽しい時間でした。
皆さまのおかげで一冊の本に仕上げることができました。
この場を借りてお礼申し上げます。

この本を手に取ってくださった皆さまに感謝いたします。
日々の暮らしに、やさしく寄り添う一冊になると幸いです。

金子奈央

料理家・フードスタイリスト
金子 奈央 かねこ なお

管理栄養士。
辻調理師専門学校 調理師本科卒業。
料理家 信太康代氏に師事。
その後エスビー食品にて、企業向けの商品開発に携わる。
クックパッドにて年間500品程のレシピ開発を行う。
現在は、レシピ作成、ドラマ・映画・CMの料理制作、
カタログ撮影など幅広く活動している。
現在、焼き菓子ブランド「maru」を立ち上げ中。

幼い頃の好きが高じ、料理の道へ。
旬の食材、スパイスを使った創作料理やお菓子、
ドリンク作りなどが得意。

スパイス香る、愛しい一杯

2023年2月1日　初版第1刷発行

著者　金子奈央

発行者　安在美佐緒
発行所　雷鳥社
〒167-0043
東京都杉並区上荻2-4-12
tel　03-5303-9766
fax　03-5303-9567
e-mail　info@raichosha.co.jp
http://www.raichosha.co.jp
郵便振替　00110-9-97086

撮影　鈴木静華
スタイリング　あずままちこ
デザイン　仲島綾乃
印刷・製本　シナノ印刷株式会社
編集　平野さりあ

協力　石丸ひさか、海老原葉子、金子雅一、金子桂子、
高橋洋子、浜元美和(エスビー食品株式会社)、渡耒美津子

協賛　エスビー食品株式会社

ISBN 978-4-8441-3791-7　C0077